Lernbereiche

 Lesen

 Sprechen

 Texte verfassen

 Sprache untersuchen

 Rechtschreiben

Aufgaben

Aufgabenkennzeichnung nach den
Anforderungsbereichen der KMK-Bildungsstandards

 wiedergeben, ausführen, abschreiben

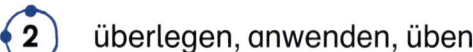 überlegen, anwenden, üben

(3) weiterführen, Ideen und Lösungen entwickeln, begründen

Basisaufgaben zum Erreichen der Kompetenzerwartungen

 Wahlaufgabe ——————————— Differenzierung

 Aufgabe zum Schreiben

 Arbeit von zwei Partnerkindern

Basisbuch
Sprache · Lesen
2

von

Dr. Rüdiger Urbanek

Linda Anders

Ursula Brinkmann

Doris Frickemeier

Irmgard Mai

Gabriele Müller

illustriert von

Eva Czerwenka, Christian und Fabian Jeremies,

Tobias Krejtschi, Katrina Lange, Vera Schmidt

Cornelsen

Inhalt

In der Schule ... 4

Auf der Straße ... 18

Im Herbst ... 30

Zu Hause ... 42

Gestern – heute – morgen ... 56

Hokuspokus ... 70

Mein Körper

86

Im Frühling

102

Am Wasser

118

Auf der Baustelle

134

Unterwegs

148

Feste im Jahr

164

Das große Quiz	170
Wörterliste	172
Inhaltsverzeichnis	178
Lerninhalte	182

In der 2. Klasse

Jetzt kann ich richtige Geschichten schreiben, sogar auf dem Computer.

Ich habe viel über Schnecken gelernt.

Ich kann schon richtige Bücher lesen.

Und ich weiß, wie man Bücher ausleiht.

Wir vier gehen auch in die 2. Klasse wie ihr.

Findet ihr uns auf dem großen Bild

auf den vorigen Seiten?

Da waren wir noch in der 1. Klasse.

Ich gebe euch immer wieder gute Tipps.

1 Lies die Texte.

2 Was hast du im ersten Schuljahr gelernt?
Was hast du gerne gemacht?
Das Bild auf Seite 4/5 kann dir helfen.

Die Neue

Die Klasse 2 b hatte gerade Rechnen.
Bei Herrn Grempel. Da klopfte es.
Ein Mann, ein Mädchen und ein Elefant
guckten durch die Tür.

5 „Ich bringe Ihnen eine neue Schülerin",
sagte der Mann. „Meine Tochter Inga."
Inga lächelte.

„Viel Spaß, mein Kind!", sagte ihr Vater.
„Ich lasse den Elefanten auf dem Schulhof.
10 Vergiss nicht, ihn zu füttern."
Der Elefant winkte mit dem Rüssel.
Ingas Vater verbeugte sich
und verschwand wieder.

Cornelia Funke

1 Lies die Geschichte. In welcher Klasse spielt sie?

2 Was ist in der Geschichte komisch?

3 Beantworte die Fragen:
- Wie heißt die neue Schülerin?
- Was soll die neue Schülerin nicht vergessen?
- Was tut der Elefant?

Habt ihr ein Klassentier? Schreibe etwas dazu auf.

Im Gesprächskreis

1 Lies die Sprechblasen. Was passiert hier?

2 Wie kann man solche Situationen vermeiden?

> Ich spreche laut und deutlich.
> Ich höre den anderen gut zu.
> Ich rufe meine Meinung in die Klasse.
> Ich melde mich, wenn ich etwas sagen möchte.

3 Welche Regel ist unsinnig?

  Erstellt ein Plakat mit euren Gesprächsregeln.
Schreibt deutlich in Druckschrift,
sodass man es auch von Weitem lesen kann.

Ich

Ich heiße Tim.
Ich bin acht Jahre alt.
Meine Freundin heißt Klara.
Am liebsten spiele ich mit meiner Katze.
In der Schule finde ich es am besten,
wenn wir Versuche machen.

Tim

1 Lies, was Tim von sich erzählt.

 **2** Erzähle einem Partnerkind über dich.

 **3** Schreibe einen Text über dich. ⟶ **Tipp**

 Macht eine Ausstellung mit euren Texten.

Tipp

- Wie heißt dein Freund oder deine Freundin?
- Womit spielst du am liebsten?
- Was machst du gern in der Schule?

Im Schulgarten

Die Schule hat einen Garten.
Dort ernten die Kinder
Tomaten und Salat.
Sie gießen täglich
die Blumen mit Wasser.
Manchmal beobachten sie Vögel.

1 Lies den Text.

2 Die Nomen sind blau markiert.
Ordne sie in eine Tabelle:

Menschen	Tiere	Pflanzen	Dinge
Kinder	...	...	...

3 Finde zwei weitere Nomen für jede Spalte.
Trage sie in die Tabelle ein.
Das Bild hilft dir.

Merksatz

Menschen haben einen Namen. Tiere, Pflanzen und Dinge auch.
Diese Wörter nennt man Nomen (Substantive).
Man schreibt sie groß: **Kinder, Vögel, Salat, Garten.**

In der Schultasche

1 Welche Dinge findest du nur einmal in der Schultasche?

2 Welche Dinge findest du mehrmals?

Flöte • Tasche • Pinsel	Bilder • Flöten • Lineale
Kasten • Lineal • Bild	Pinsel • Taschen • Kästen

3 Eines oder mehrere? Finde zu jedem Nomen die Mehrzahl:
eine Flöte – mehrere Flöten, ein Buch – …

4 Welches Wort verändert sich in der Mehrzahl nicht?

Merksatz

Nomen gibt es in der Einzahl und in der Mehrzahl:
eine Schere – mehrere Scheren, ein Heft – mehrere Hefte.

Finde zwei Nomen, die sich in der Mehrzahl nicht ändern.

Klassentiere

> Liebe Sara,
>
> heute durfte ich Tinto in meiner Tasche
>
> mit zu mir nach Haus nehmen.
>
> Ich möchte ihn so gerne meinem Vater
>
> und meiner Mutter zeigen.
>
> Am liebsten hätte ich eine richtige Katze.

> Lieber jonas,
>
> ich hätte tinto auch gerne gehabt.
>
> Morgen bringe ich mein nilpferd
>
> mit in die schule.
>
> Das hat einen runden bauch.
>
> Es passt prima in die tasche.

1. Schreibe alle Nomen aus Jonas E-Mail ab. Schreibe sie groß.

2. Der Computer hat viele Wörter in Saras Mail unterschlängelt.
   Warum?

Schreibe die Nomen in Saras Mail richtig auf.
Oder: Schreibe den ganzen Text richtig auf.

Schulkinder

A B C D **E** F G

> **alle** Kinder, die ich seh

H **I** J K L M N

> und die ich mit **Namen** kenn,

O P Qu R S T **U**

> winken mir **voll Freude** zu,

V W X Y Z

> denn sie finden **mich** so **nett**.

1 Lest und singt das ABC-Lied.

❋ B C D ❋ F G H ❋ J K L M N ❋ P Qu R S T ❋ V W X Y Z

2 Schreibe die Buchstaben auf, die hier fehlen.
Schreibe dahinter, wie man sie nennt.

> Ich kann das ABC auf Türkisch: a, b, c, ç …

| Fatma • Jonas • Tim • Lena |

| Otto • Tanja • Anna • Sven |

3 Ordne die Namen in jedem Kasten
nach dem ABC.
Man nennt das ABC auch Alphabet.

Merksatz

Die Buchstaben **A, E, I, O** und **U** nennt man Selbstlaute (Vokale).
Alle anderen Buchstaben nennt man Mitlaute (Konsonanten).

Richtig abschreiben

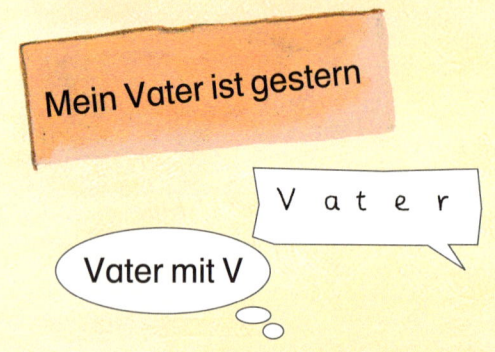

Lies das Wort.

Flüstere es so,
dass du jeden Laut hörst.

Merke dir schwierige Stellen.

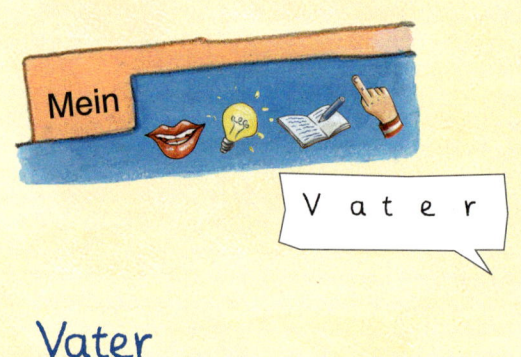

Decke das Wort zu
oder sieh nicht mehr hin.

Schreibe es auf und
flüstere mit.

Kontrolliere: Vergleiche
dein Wort mit der Vorlage.

Richtig? Super!

Falsch? Berichtige es.

Unsere Klassenbücherei

Wir haben eine Klassenbücherei.

Da darf man sich Bücher aussuchen.

Ich finde Bücher mit Pferden prima,

am besten mit schönen Fotos.

1 Schreibe die roten Wörter ab.
Unterstreiche schwierige Stellen.

2 Suche dir eine Zeile aus und schreibe sie ab.
Probiere aus, wie viele Wörter du dir merken kannst.

3 Kontrolliere: Vergleiche Wort für Wort mit der Vorlage.

4 Schreibe den ganzen Text ab.
Lasse immer eine Zeile frei: Wir …

5 Kontrolliere: Vergleiche mit der Vorlage.
Streiche das Fehlerwort durch.
Schreibe über jedem Fehlerwort das Wort richtig auf.

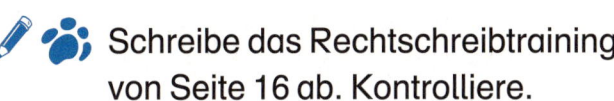

Klassenbücherei
Wir haben eine ~~Klasenbücherei.~~
darf   Bücher
Da ~~daf~~ man sich ~~Bücha~~ aussuchen.

Du willst einen Text überprüfen?
Dann lies ihn Wort für Wort
von hinten nach vorn. Warum?
Beim Rückwärtslesen musst du
viel genauer hinschauen.
So fallen die Fehler mehr auf.

Schreibe das Rechtschreibtraining
von Seite 16 ab. Kontrolliere.

Rechtschreibtraining

Was braucht Jonas in der Schule?
Was holt er aus seiner Tasche?
Zwei Bücher, drei Hefte, Stifte und eine Banane.

ABC, Selbstlaute und Mitlaute

Regal • Tafel • Schrank • Fenster

Buch • Heft • Stift • Pinsel

Gürtel • Hose • Mantel • Schal

Übungswörter

Jonas
die Schule
die Tasche
das Buch
das Heft
der Stift
die Banane

1. Ordne die Wörter in jeder Zeile nach dem ABC:
   Fenster, …

2. Immer zwei Wörter beginnen mit dem gleichen Selbstlaut.
   Schreibe sie nebeneinander auf.
   Affe – A…
   Achtung: Zwei Wörter beginnen mit einem Mitlaut.

Nomen

Heute war es in der Schule richtig blöd.
Zuerst ist mein Buntstift abgebrochen und
ich konnte meiner Blume keine rote Blüte malen.

Dann ist ein junge über meinen fuß gestolpert
und hat mir die zunge rausgestreckt.
Und an den computer durfte ich auch nicht.

1 Schreibe die vier Nomen
aus dem schwarzen Text heraus: Schule, …

2 Finde auch die vier Nomen im roten Text.
Achtung: Hier sind sie kleingeschrieben.

Nomen großschreiben

pferdfotobuchvaterkindschuletomatevogelsalat

3 Schreibe die neun Nomen in der Wörterschlange getrennt auf.
Denke an den großen Anfangsbuchstaben: Pferd, …

Einzahl und Mehrzahl

Affe • Birne • Ente • Flasche • Geschenk • Hexe • Hund • Junge

4 Finde zu jedem Einzahlwort das Mehrzahlwort:
Affe – Affen, Birne – …

Auf der Straße

Auf dem Heimweg

Nach der Schule fragt Jakob:

„Willst du mit mir nach Hause gehen?

Du kannst ja bei uns essen."

Aber Mehmet schüttelt den Kopf.

5 „Das geht nicht. Mama wartet

mit dem Mittagessen auf mich.

Außerdem gibt's bei uns heute gefüllte

Weinblätter mit Reis, mein Lieblingsessen."

„Es ist ja auch gar nicht wegen dem Essen",

10 sagt Jakob. „Ich will nur nicht alleine

heimgehen. Oben am Stefansberg ist immer

ein großer Junge, der lässt mich nicht durch.

Er hält mich an der Jacke fest

oder zieht mich an den Haaren."

15 „So eine Gemeinheit", schimpft Mehmet.

Paul Maar

1 Lies den Text. Wie heißt Jakobs Freund?

2 Lest den Text zu dritt: Ein Kind ist Jakob,
ein Kind ist Mehmet und ein Kind ist der Sprecher.

3 Warum möchte Jakob nicht allein nach Hause gehen?
Überlegt, was er tun könnte.

Spielt die Geschichte mit euren Ideen.

Kennst du dich auf der Straße aus?

	richtig	falsch
Wenn die Ampel Grün zeigt, kannst du über die Straße gehen.	A	K
Wenn du mit dem Rad fährst, setzt du einen Helm auf.	C	S
Wenn du über die Straße gehst, schließt du deine Augen.	W	H
Im Auto musst du dich anschnallen.	T	L
Bei Rot läufst du noch schnell über die Straße.	Z	U
Wenn dein Ball auf die Straße rollt, rennst du schnell hinterher.	M	N
Die Straße überquerst du auf dem Zebrastreifen.	G	R

1 Lies die Sätze.

2 Entscheide bei jedem Satz, ob er richtig oder falsch ist.
Notiere die Buchstaben. Sie ergeben ein Lösungswort.

Aufgepasst!

> Pass doch auf, du hast mich fast umgefahren!

> Entschuldigung, aber du gehst auch mitten auf dem Fahrradweg.

1 Schaut euch die Bilder an. Erzählt, was dort passiert.

2 Spielt die erste Situation nach.
Wie müsst ihr sprechen? Wütend? Traurig? Freundlich?
Was für ein Gesicht macht ihr dabei?

Spielt die zweite Situation, ohne zu sprechen.
Woran erkennst du, dass der Autofahrer dich gesehen hat?

Mein Schulweg

Wenn ich zur Schule gehe, bringt Mama mich bis zur Ampel. Da treffe ich meinen Freund. Wir gehen beim Bäcker vorbei und durch den Park. Dann sind wir schon da.

Heute auf dem Schulweg haben zwei Viertklässler Robin geärgert. Sie haben ihn geschubst und dabei gelacht. Da habe ich gesagt: „Zwei Große gegen einen Kleinen, das ist gemein!" Und ich habe Robin getröstet.

1 Lies die beiden Texte.

2 Erzähle von deinem Schulweg.

3 Schreibe eine Geschichte von deinem Schulweg. → **Tipp**
Oder: Male deinen Schulweg.

Tipp

- Wo gehst du entlang?
- Mit wem gehst du?
- Was hast du erlebt?
- Wie heißen die Straßen?
- Wie lang ist der Weg?
- Was siehst du alles?

An der Straßenecke

die Verkäuferin

das Eiscafé

das Motorrad

der Rollstuhl

die Treppe

der Gehweg

die Palme

der Kindersitz

das Fahrrad

1 Ordne die Nomen nach ihren Artikeln:

der Rollstuhl, der …

die …

das …

2 Suche auf dem Bild auf Seite 18/19 zu jedem Artikel
mindestens zwei Wörter. Markiere die Artikel:

der …

die …

das …

3 Denke dir fünf Nomen aus und schreibe sie mit ihrem Artikel auf.

Merksatz

Nomen können Artikel (Begleiter) haben:
der Polizist, **die** Ampel, **das** Taxi.

Viel Verkehr

Auf der Straße ist viel los.

Viele Fahrzeuge sind unterwegs.

Alle haben es eilig.

1 Schreibe die Sätze ab.
Markiere die großen Buchstaben am Satzanfang.
Schreibe die Punkte am Satzende rot: A̲uf der Straße …

das Taxi	fährt	laut
das Feuerwehrauto	saust	schnell
der Krankenwagen	hält	langsam
das Polizeiauto	rattert	vorsichtig
der Müllwagen	flitzt	

2 Schreibe mindestens fünf Sätze.
Benutze Wörter aus jedem Rahmen:
Das Taxi flitzt schnell. …

🐾 Schreibe mindestens drei Sätze zum Bild auf Seite 18/19:
Der Hund trägt eine …

Merksatz

Das erste Wort in einem Satz schreiben wir groß.
Am Satzende steht ein Punkt:
Auf der Straße ist viel los.

Für Autoexperten

der Scheibenwisch

das Fenst

der Außenspieg

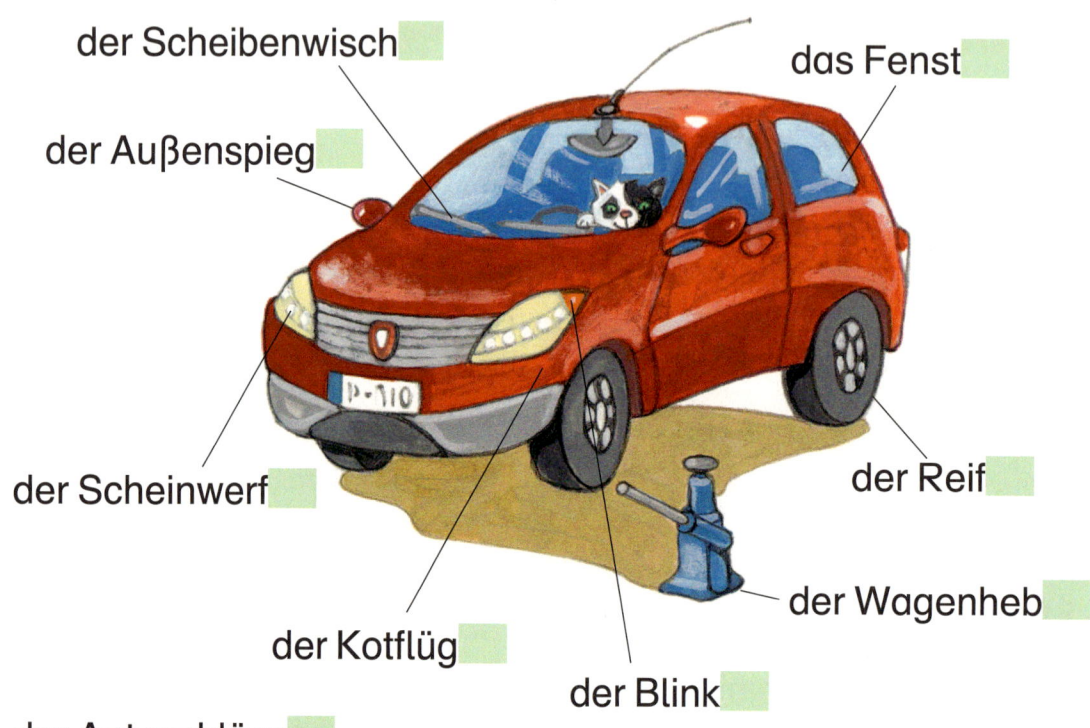

der Reif

der Scheinwerf

der Wagenheb

der Kotflüg

der Blink

der Autoschlüss

1 Schau dir das Bild an: Bilde Wörter mit den Endungen el, en und er.

Der _____ hat eine große Schaufel.

Der _____ hat viel Sand geladen.

Der _____ liefert Diesel für die Tankstelle.

> Am Ende eines Wortes hörst du oft ein a. Schreiben musst du meistens ein er.

Kipplaster • Tankwagen • Bagger

2 Schreibe die Sätze mit den passenden Wörtern auf. Markiere alle Endungen el, en und er.

Finde Wörter mit el, en und er am Ende.

An der Kreuzung

ielplatz · oppschild · ule · Rut e
Halte elle · Außen iegel · Roll uhl · Brems ur
aukel · Tank elle · raße · Zebra reifen · irm

1 Schreibe die Zahlen untereinander und die passenden Nomen dazu.
Setze die fehlenden Buchstaben Sp/sp oder St/st oder Sch/sch ein:

1 Spielplatz
2 …

2 Suche weitere Wörter mit Sp/sp und St/st in der Wörterliste auf den
Seiten 175 und 176.

Rechtschreibtraining

Drei Kinder an der Mauer staunen.
Der Sportwagen an der grünen Ampel startet nicht.
Warum? Im Tank ist kein Sprit.

Wörter mit el, en, er

der Bes ☐ • der Drach ☐ • das Fenst ☐

der Gürt ☐ • der Hung ☐ • der Käf ☐

das Kiss ☐ • der Kuch ☐ • die Musch ☐

der Robot ☐ • der Rüss ☐ • der Würf ☐

en
et
er

Übungswörter

die Ampel
die Kinder
die Mauer
die Spagetti
der Sport
der Wagen
starten

1 Bilde Wörter mit den Endungen -en, -el und -er.
Schreibe die Wörter. Unterstreiche die Endungen:
der Bes<u>en</u>, …

Bestimmte Artikel

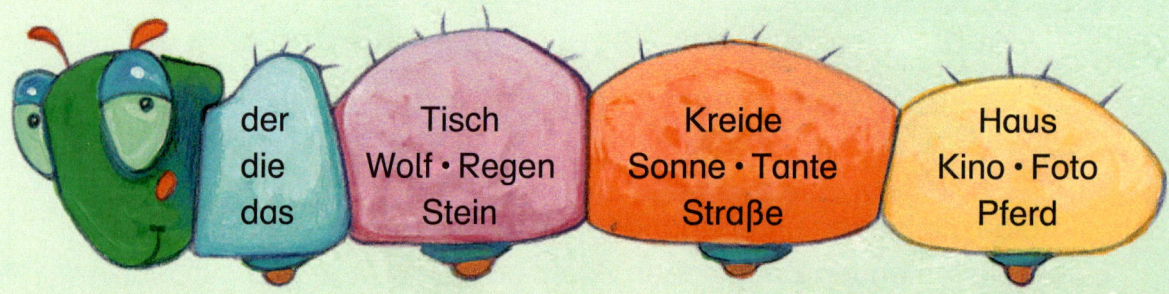

der
die
das

Tisch
Wolf • Regen
Stein

Kreide
Sonne • Tante
Straße

Haus
Kino • Foto
Pferd

2 Schreibe die Nomen aus der Raupe mit den Artikeln auf:
der Tisch, der …

3 Suche in der Wörterliste zu jedem Artikel noch drei weitere Nomen.

Wörter mit sp, st, sch

agetti
aß   rank
Sp
inat   iel
ort

adion
reit   inat
St
urm   aub
ern

✏ **(1)** Bilde Wörter und schreibe sie auf.
Achtung! Jedes Mal ist ein Quatschwort dabei.
Markiere in jedem Wort Sp oder St:
Spaß, Spagetti, …

ill • lau • ade • ön • ät • itz • ark

✏ **(2)** Bilde Wörter mit sp, st oder sch.
Schreibe mit jedem Wort einen Satz.

Großschreibung am Satzanfang

hinter dem Haus steht eine alte Hütte

die gehört jetzt Jonas

da macht er es sich oft gemütlich

manchmal kommen Tim und Lena zu Besuch

✏ **(3)** Schreibe die Sätze ab. Schreibe die Satzanfänge groß.
Setze einen Punkt an jedes Satzende:
Hinter dem Haus …

Im Herbst

Ich denke nicht daran,
mir einen Schirm zu kaufen

Ich den-ke nicht da-ran,

mir ei-nen Schirm zu kau-fen.

Ich ha-be Lust da-ran,

im Re-gen rum-zu-lau-fen.

Werd' ich halt patsch-nass.

Werd' ich halt patsch-nass.

1 Lies den Rap.

2 Übt, ihn vorzutragen. Achtet auf die Lautstärke der Stimme, das Sprechtempo und die Pausen.

3 Denkt euch Bewegungen zum Rap aus.
Oder: Versucht, den Rap als Kanon zu sprechen.

Zugvögel

Viele einheimische Vögel

verbringen den Winter nicht bei uns.

Wenn es im Herbst kälter wird, versammeln sich

zum Beispiel Stare, Schwalben oder Wildgänse

5 zu Schwärmen. Sie fliegen gemeinsam

in den wärmeren Süden,

meist viele Hundert

Kilometer weit.

Hier finden die Zugvögel genug Nahrung.

10 Störche fliegen sogar bis Südafrika.

Im Frühjahr kehren sie wieder zurück,

um zu brüten und ihre Jungen aufzuziehen.

Vögel wie Amseln, Meisen und Sperlinge

bleiben das ganze Jahr bei uns.

15 Sie werden deshalb Standvögel genannt.

1 Lies den Text. Unter welchem Buchstaben
findest du diesen Text im Lexikon?

2 Beantworte die Fragen.
- Welche Vogelarten gehören zu den Zugvögeln?
- Wo überwintern Störche?
- Wann kehren die Zugvögel wieder zu uns zurück?
- Wie nennt man die Vögel, die bei uns überwintern?

Warum fliegen die Zugvögel in südliche Länder?

Tims Jacke

> Zieh bitte die Jacke mit den Reflektoren an! Ich möchte, dass die Autofahrer dich im Dunkeln sehen.

> Die gefällt mir aber nicht! Ich pass doch auf. Außerdem laufe ich nur auf dem Gehweg.

1 Lies die Sprechblasen. Was möchte Tims Mutter? Was möchte Tim?

2 Wer von beiden hat recht? Diskutiert.

Gibt es eine Lösung, mit der beide zufrieden sein können? Schau dir das Bild genau an.

Eine Drachengeschichte

1 Schaut euch die Bilder an. Erzählt, was passiert.

2 Wie könnte die Geschichte enden?

3 Schreibe deine Geschichte zu den Bildern auf. → **Tipp**

Male, wie die Geschichte weiter geht.

Tipp

- Drachen, steigen lassen, Lenas Bruder
- Windstoß, Baum, festhängen, traurig
- Mann, Leiter

Stachelige Igel

Wie sehen die Stacheln bei Igeljungen aus **?**

Sie sind hell und noch weich **.** Mit der Zeit

werden sie dunkel und hart **.**

Nur am Kopf und am Bauch

haben Igel weiches Fell **.**

Ein ausgewachsener Igel hat

etwa 6000 Stacheln **.** Sie sind spitz wie Nadeln **.**

Weißt du, wozu der Igel seine Stacheln braucht **?**

(1) Lies den Text Satz für Satz.
Mache nach jedem Satz eine Pause.

 **(2)** Aussagesätze erzählen, was geschieht.
Findet im Text die fünf Aussagesätze.

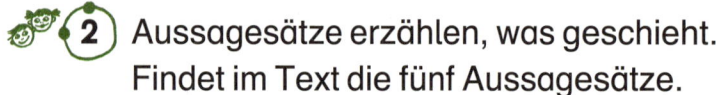 **(3)** Schreibe nur die Aussagesätze ab.
Schreibe die Punkte am Satzende rot.

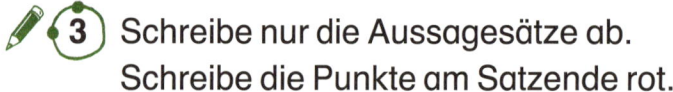 **(4)** Wie könnte man die anderen Sätze nennen?

Schreibe mindestens drei Aussagesätze zum Igel.

Merksatz

Aussagesätze erzählen, was geschieht.
Am Ende eines Aussagesatzes steht ein Punkt:
Ein ausgewachsener Igel hat etwa 6000 Stacheln.

Ein Igel im Park

 Warum ziehst du so an der Leine, Leo **?**

 Ich glaube, er hat etwas gefunden **.**

 Ja, da liegt ein Igel zwischen den Blättern

 Sollen wir ihn mit nach Hause nehmen

 Was willst du denn mit ihm machen

 Ich werde ihn füttern

 Nein, lass uns lieber

in der Igelstation

nachfragen

 **1** Lest die Sätze abwechselnd.

2 Welche Sätze sind Aussagesätze, welche sind Fragen?
Auf Fragen gibt es eine Antwort.

 **3** Schreibe die Sätze auf.
Setze am Satzende **.** oder **?**.

 **4** Denke dir mindestens eine Frage
und einen Aussagesatz zum Bild aus.

Merksatz

Am Ende einer Frage steht ein Fragezeichen:
Sollen wir den Igel mit nach Hause nehmen?

Ein Tier aus Eicheln

Im Werkraum wird eifrig gebastelt.
Jonas bohrt kleine Löcher in eine Eichel.
Er zerteilt einen Zahnstocher
in vier gleich lange Stücke
5 und klebt sie in die Löcher hinein.
Nun hat sein Tier einen Bauch und vier Beine.

Aus braunem Leder schneidet er
zwei Ohren und einen Schwanz aus
und klebt alles an die Eichel.
10 Zum Schluss malt Jonas zwei Augen
und zeigt die Maus seiner Lehrerin.

Tipps zum Abschreiben findest du auf Seite 14.

(1) Lies den Text.

 (2) Schreibe den ersten Absatz ab.
Oder: Schreibe den ganzen Text ab.
Markiere ei und au in zwei Farben:
Ein Tier aus Eicheln …

Suche in der Wörterliste mindestens
fünf Wörter mit au und fünf Wörter mit ei.

Regenwetter

Es regnet. Fatma und Tim rennen nach Hause.

Der Wind pfeift ihnen ins Gesicht.

Da stapft Tim in eine Pfütze.

Er schimpft. Sein Strumpf ist nass.

Fatmas Zopf tropft und klebt ihr am Kopf.

„Hatschi!", Fatma muss niesen.

„Jetzt hab ich auch noch

einen Schnupfen", ruft sie.

1 Lies den Text.

2 Suche alle Wörter mit Pf und pf. Schreibe sie auf.
Markiere alle Pf und pf: <u>pf</u>eift, …

Pf

anne
irsich
laume
ote
urke
lanze

Kno
Kam
Lo
Sum
Dam
Na

pf

3 Schreibe alle Wörter mit Pf und pf auf. Unterstreiche Pf und pf.
Achtung: In jeder Wolke ist ein Quatschwort.

Rechtschreibtraining

Paul erntet Pflaumen. Drei hat er schon im Eimer.
Paul schaut in den Baum und schimpft.
Braucht er etwa eine Leiter?

Aussagesätze

Tim soll eine Geschichte über Katzen
schreiben der erste Satz fällt ihm nicht ein da
kommt Tinto angeschlichen er trägt Tims
Kuscheltier im Maul jetzt hat Tim eine Idee

Übungswörter

die Pflaume
drei
der Eimer
schauen
er schaut
schimpfen
er schimpft
brauchen
er braucht
die Leiter

1. Lies den Text.
   Mache dort Pausen, wo etwas Neues beginnt.

2. Schreibe den Text ab. Setze dabei Punkte.
   Schreibe die Satzanfänge groß. Es sind fünf Sätze.
   Tim soll eine Geschichte über Katzen schreiben.

Fragen und Aussagesätze

Kannst du mir helfen · Die Kinder bauen die Rennbahn auf

Jonas hat einen guten Freund · Tinto schnuppert am Futternapf

Wollen wir draußen spielen · Darf ich in die Badewanne gehen

3. Schreibe die Aussagesätze und Fragen auf.
   Setze am Satzende Punkte oder Fragezeichen: Kannst du mir helfen? …

4. Denke dir noch zwei Fragen und zwei Aussagesätze aus.

Wörter mit au und ei

Meise	Schwein	gleich
R	B	r
Sp	kl	T

Laus	schauen	schlau
H	b	bl
M	kl	gr

1 Bilde Reimwörter und schreibe sie auf:

Meise

Reise

…

Wörter mit pf

Frisur: …

Gefäß zum Kochen: …

Obst: …

Reittier: …

Kleidungsstück: …

Körperteil: …

großer Vogel: …

2 Schreibe die Rätsellösungen auf.
Markiere alle Pf und pf:
Frisur: Zopf, …

Wo bleibt Jule?

Das Essen ist fertig.
Alle sitzen schon am Tisch.
Alle warten auf Jule.
Alle – das sind: Mama und Papa und Simon.
5 Simon ist Jules Bruder.
Er klopft mit der Gabel auf den Tisch.
Sein Magen knurrt!
Papa ruft: „Mensch Jule, wo bleibst du?"
Er hat auch Hunger.
10 Mama nimmt einen Löffel und einen Topf.
Sie trommelt …
Das hilft.
Jule kommt!
Alle machen große Augen.
15 Jule hat Mamas Hut auf.
Jules Nase ist gepudert.
Jules Mund ist rot angemalt.
„Ich habe mich schön gemacht", sagt Jule.
„Jetzt können wir essen!"

Anne Steinwart

Was würdest du Jule sagen?

44

So winzig?

Papa trägt Kartons mit Babysachen ins Wohnzimmer.
Mama will sehen, was sie davon noch gebrauchen können.
Sie öffnet den ersten Karton: Er ist voll mit Höschen,
Hemdchen und Strampelanzügen. „Die sind ja winzig!"
5 Anna hält einen Strampelanzug hoch. „Der passt ja meiner Puppe."
„Viel größer ist unser Baby ja auch nicht, wenn es geboren wird",
sagt Papa. „Ich war bestimmt nicht so winzig", meint Anna.
Papa lacht. „Und ob!" Er holt ein Fotoalbum.
„Schau mal, hier bist du gerade zwei Wochen alt!"

10 Anna guckt von dem Bild zu dem Strampelanzug. „Das ist ja der!"
„Stimmt", sagt Mama. „Das war dein erster Strampelanzug."
„So klein waren wir alle mal", sagt Papa. „Du auch?", fragt Anna.
„Nein", sagt Papa. „Ich bin gleich so auf die Welt gekommen."
„Und auch gleich mit Schlips", ergänzt Mama.

15 Anna versucht sich das vorzustellen und kriegt einen Kicheranfall.
Als sich alle endlich wieder beruhigt haben, sagt Mama:
„Dein erster Strampelanzug wird auch der erste des Babys sein."
Anna nickt. „Und wenn man dann unsere Fotos
nebeneinanderhält, sehen wir aus wie Zwillinge."

Manfred Mai

**Was gibt es von dir aus der Zeit,
als du ein Baby warst?**

Was machst du heute Nachmittag?

Wenn es regnet, spiele ich gerne
mit meinem Bruder am Computer.
Bei manchen Spielen macht man
sehr viel mit den Armen und den Beinen.
Am besten finde ich die Fußballspiele.

Denis

Mit Mamas Handy
mache ich gern
Fotos.

Max

Ich höre gerne Musik
auf meinem MP3-Player
und lese oder lerne dabei.
Das macht viel mehr Spaß
als ohne Musik.

Rosa

Wenn mir langweilig ist,
guck ich am liebsten Fernsehen.
Ich darf aber nur eine Stunde
am Tag gucken.

Grischa

Den Computer benutze ich oft,
um für die Schule zu recherchieren.
Ich darf aber nicht allein ins Internet
gehen. Das mache ich dann zusammen
mit meiner Mutter oder meinem Vater.

Stella

Ich höre gerne Geschichten
und Musik im Radio.
Dann leihe ich mir das Radio
von meiner Mutter aus.
Zum Geburtstag wünsche
ich mir einen CD-Spieler.

Kira

(1) Lies die Texte der Kinder.
Welche Medien benutzen sie?

(2) Wie ist das bei euch? Welche Geräte benutzt ihr?
Sprecht darüber.

Welches Medium benutzt du am liebsten? Schreibe einen Text.

Ich möchte keine Geschwister

Ich bekomme in drei Monaten einen kleinen Bruder.

Kleine Kinder nerven nur.

Das sagst du doch nur, weil du neidisch bist.

Nee, wenn ich meine Mama und meinen Papa für mich allein habe, ist das viel besser.

Dein Papa ist doch blöd!

Was? Ich knall dir gleich eine.

Linus

Oskar

1 Lest das Gespräch. Wen kannst du besser verstehen?

2 Spielt das Gespräch nach. Denkt daran, dass die Kinder sich streiten.

3 Überlegt, wie das Gespräch besser verlaufen könnte.

Familien-Witze

„Du bist ein Ferkel", sagt Vater,
„und du weißt ja, was das ist."
„Klar", sagt Ina, „das ist das Kind
von einem Schwein."

„Mami, darf ich lesen,
bis ich einschlafe?"
„Ja, gut, aber keine
Minute länger."

„Mama, wo warst du eigentlich als ich geboren wurde?"
„Im Krankenhaus." „Und Papa?" „Der stand im Stau!"
„Na, das ist ja toll! Da war also überhaupt keiner da,
als ich ankam!"

1 Lies die Witze.

2 Welcher Witz gefällt dir am besten? Lerne den Witz auswendig.
Erzähle ihn einem anderen Kind oder deinen Eltern.

Sammelt Witze. Schneidet sie aus Zeitschriften aus,
schaut in Witzbüchern nach oder im Internet.
Legt eine Witzekartei an. **Oder:** Gestaltet ein Witzeplakat.

Liebe Susi!

Susi und Paul sind beste Freunde.
Aber Paul ist weit weg
in ein kleines Dorf gezogen.

Liebe Susi, — **Anrede**

in der Schule habe ich noch keinen Freund.
Nur einen Feind. Franzi heißt er. Dauernd stänkert er.
Meine neue Lehrerin ist lustig. Sie schimpft nie.
Unser Nachbar ist mein Freund. Er ist ein alter Mann.
Er hat drei Kühe, zwei Schweine und viele Hühner
und drei Katzen. Jetzt tun mir die Finger weh.
So viel habe ich noch nie geschrieben.
Viele Grüße — **Grüße**
dein Freund Paul

Unterschrift

Christine Nöstlinger

1 Lies den Brief von Paul.

2 Wem kannst du einen Brief schreiben, wovon kannst du erzählen?

3 Schreibe jetzt einen Brief, zum Beispiel an Oma oder Opa,
Tante oder Onkel, Freundin oder Freund … → **Tipp**

Tipp

- Was hast du in der Schule erlebt?
- Was ist am Wochenende passiert?
- Was hat dich geärgert, was hat dich gefreut?
- Was hast du nachmittags unternommen?

Wer tut was?

bauen

sitzen

tragen

stehen

spielen

liegen

1 Spiele, was die Menschen tun. Ein Partnerkind rät.

Fatma trägt den Müll zur Mülltonne. Die Kinder bauen ein Raumschiff.
Das Baby liegt auf dem Handtuch. Johann spielt Flöte.
Tim sitzt am Computer. Herr Meier steht an der Mülltonne.

2 Schreibe die Sätze auf. Unterstreiche die Verben:
Fatma trägt …

Suche in der Wörterliste sechs weitere Verben.

Merksatz

Wörter, die sagen, was man tut oder was geschieht,
nennt man Verben: **tragen, wickeln, regnen.**

39, 128

Vor dem Essen

Ich habe so einen Hunger

Heute gibt es Bratkartoffeln mit Spinat

Ich decke schon mal den Tisch

Wasch dir erst die Hände

Zum Nachtisch gibt es Bananenquark

Cool

Ich bringe die Bratkartoffeln zum Tisch

Vorsicht, die Pfanne ist heiß

Das sieht lecker aus

1 Lies das Gespräch.

 **2** Lest jetzt mit verteilten Rollen.
Achtet auf eine passende Betonung.
Welche Sätze sind Ausrufesätze?

3 Schreibe die Sätze auf. Setze Punkte oder Ausrufezeichen.

Merksatz

Nach einem Ausruf kann ein Ausrufezeichen stehen:
Vorsicht, die Pfanne ist heiß!

Nachdenkwörter

Bei manchen Wörtern
kannst du nicht hören,
wie sie geschrieben werden.

Oft findest du es heraus,
indem du nachdenkst und
ein verwandtes Wort suchst.

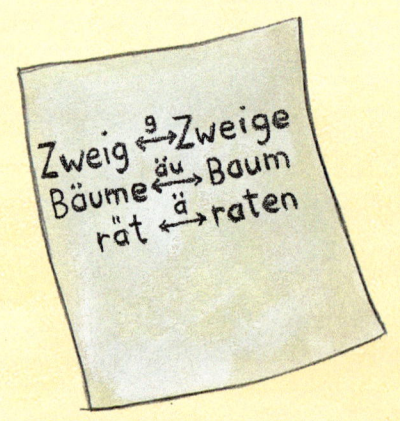

So kannst du es
üben und notieren:
Du zeichnest einen
Doppelpfeil zwischen
die Wörter und schreibst
den schwierigen
Buchstaben darüber.

41, 135

Chaos im Kinderzimmer

Bild • Siebe • Burg

saftig • Saft • Bilder • Sieb

Burgen • Mond • Monde

1 Schreibe die verwandten Wörter so: Bild ←d→ Bilder, …

Hef✳ Klei✳ Zwer✳ Flugzeu✳ Pake✳ Hun✳ Mikrosko✳ Bro✳

2 Suche immer ein verwandtes Wort: Heft ←t→ Hefte, …

Selin sucht ihren Stif✳.

Sie findet das Flugzeu✳ im Pake✳.

Sie findet das Bil✳ unter dem Klei✳.

Den Stif✳ findet sie im Hef✳ unter der Bur✳.

Schreibe die Sätze vollständig auf: Selin …

Rechtschreibtraining

Pia hat Geburtstag. Ein Freund schenkt Pia einen Zauberstab. Damit möchte Pia sich ein Flugzeug zaubern. Im Flur findet Pia Omas Paket. Ist darin ein neues Kleid?

Verben

Übungswörter

der Geburtstag
der Freund
der Stab
das Flugzeug
das Kleid

trompeten • bauen • quaken
spielen • stampfen • hüpfen
schwimmen • basteln • spritzen

1 Wer macht was? Schreibe Sätze:
Der Elefant trompetet. ...

Fatma schält Kartoffeln.
Tim kocht sie mit Wasser und Salz.
Jonas zerstampft die Kartoffeln.
Lena rührt Milch und Butter in die Kartoffeln.

2 Schreibe die Sätze auf. Unterstreiche die vier Verben.
Schreibe als Überschrift, was die Kinder essen:

...
Fatma schält ...

Ausrufesätze

Pass auf

Mach dich nicht so dick

Hier ist es gemütlich

Ich hab ein Spiel mitgebracht

Die Kekse sind lecker

Hol noch mehr Kissen

1 Schreibe die Sätze auf. Setze am Satzende einen Punkt oder ein Ausrufezeichen:
Pass auf! …

d oder t, g oder k, b oder p am Wortende

run☐☐ • wil☐☐ • kal☐☐ • bun☐☐ • muti☐☐ • schmutzi☐☐ • gel☐☐ • star☐☐

2 Suche verwandte Wörter. Ergänze die fehlenden Buchstaben:
rund ←d→ runde, …

Der Ball ist ☐.   Das Eis ist ☐.

Das Bild ist ☐.   Der Mann ist ☐.

Der Tiger ist ☐.   Der Bär ist ☐.

Die Hose ist ☐.   Die Zitrone ist ☐.

3 Schreibe die Sätze vollständig auf. Benutze die Wörter aus Aufgabe 2:
Der Ball ist rund. …

Winter und Sommer

Winter

I: Schnee - flo - cken fal - len, :I

I: roll mir ei - nen Ball, :I

I: nas - se Hän - de: :I

I: wisch und weg. :I

Sommer

I: Son - nen - strah - len blin - ken, :I

I: ma - chen mich ganz warm, :I

I: kit - zeln in der Na - se: :I

I: Hat - - - - - - - - schi! :I

Sprecht den Rap.
Macht die Hand-
bewegungen dazu.

Monatsrätsel

Endlich hat es einmal geschneit,
weiß ist die Erde weit und breit.
Die Kinder finden's wunderbar
im kalten Monat _____ .

Die Sonne scheint und dann fällt Regen
und plötzlich schneit's, Sturmwinde fegen:
Das Wetter macht halt, was es will.
Du kennst den Monat, den _____ .

Die Sonne heiß vom Himmel lacht,
sie hat das Wasser warm gemacht.
Darin zu schwimmen, hast du Lust
und dieser Monat heißt _____ .

Kalt ist es, nass und stürmisch und
nach draußen jagt man keinen Hund.
Vielleicht denkst du jetzt an September.
Oh, nein, gemeint ist der _____ .

Dann im _____ feiern wir
das Weihnachtsfest, gefällt es dir?
Und mit Silvester, das ist klar,
geht es zu Ende, unser Jahr.

Hast du die Monatsnamen erraten?
Kennst du die Monatsnamen auch
in einer anderen Sprache?

Früher

Opi Rainer, warum sagst du denn zum Kühlschrank immer Eisschrank?

Ja, weißt du, Alina, als ich klein war, hatten wir einen kleinen Schrank. Den nannten wir Eisschrank. Denn da kam oben in ein Fach Eis, das langsam schmolz und so die Butter und die Milch kalt hielt.

Und das Eis habt ihr aus dem Kühlschrank geholt?

Nein, einen Kühlschrank hatten wir eben nicht, der war viel zu teuer. Das Eis kauften wir bei einem Händler, der durch die Straßen fuhr. Der hatte auf seinem Auto große Eisstangen, von denen einzelne Stücke zum Verkauf abgeschlagen wurden.

Da musstet ihr also immer Eis kaufen?

Ja, zweimal in der Woche kaufte meine Mutter Eis.

Opi Rainer, weißt du was? Ich sag jetzt zu unserem Kühlschrank auch Eisschrank.

Warum das denn?

Weil man leckeres Eis darin machen kann.

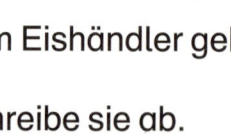

 **1** Lies das Gespräch mit einem Partnerkind.

- Die Familie brauchte keinen Kühlschrank.
- Ein Kühlschrank war für die Familie zu teuer.
- Das Eis für den Eisschrank kam aus der Gefriertruhe.
- Das Eis für den Eisschrank wurde beim Eishändler gekauft.

2 Lies die Sätze. Nur zwei sind richtig. Schreibe sie ab.

 Was für Eis meint Alina in der letzten Zeile?

Forscherfragen

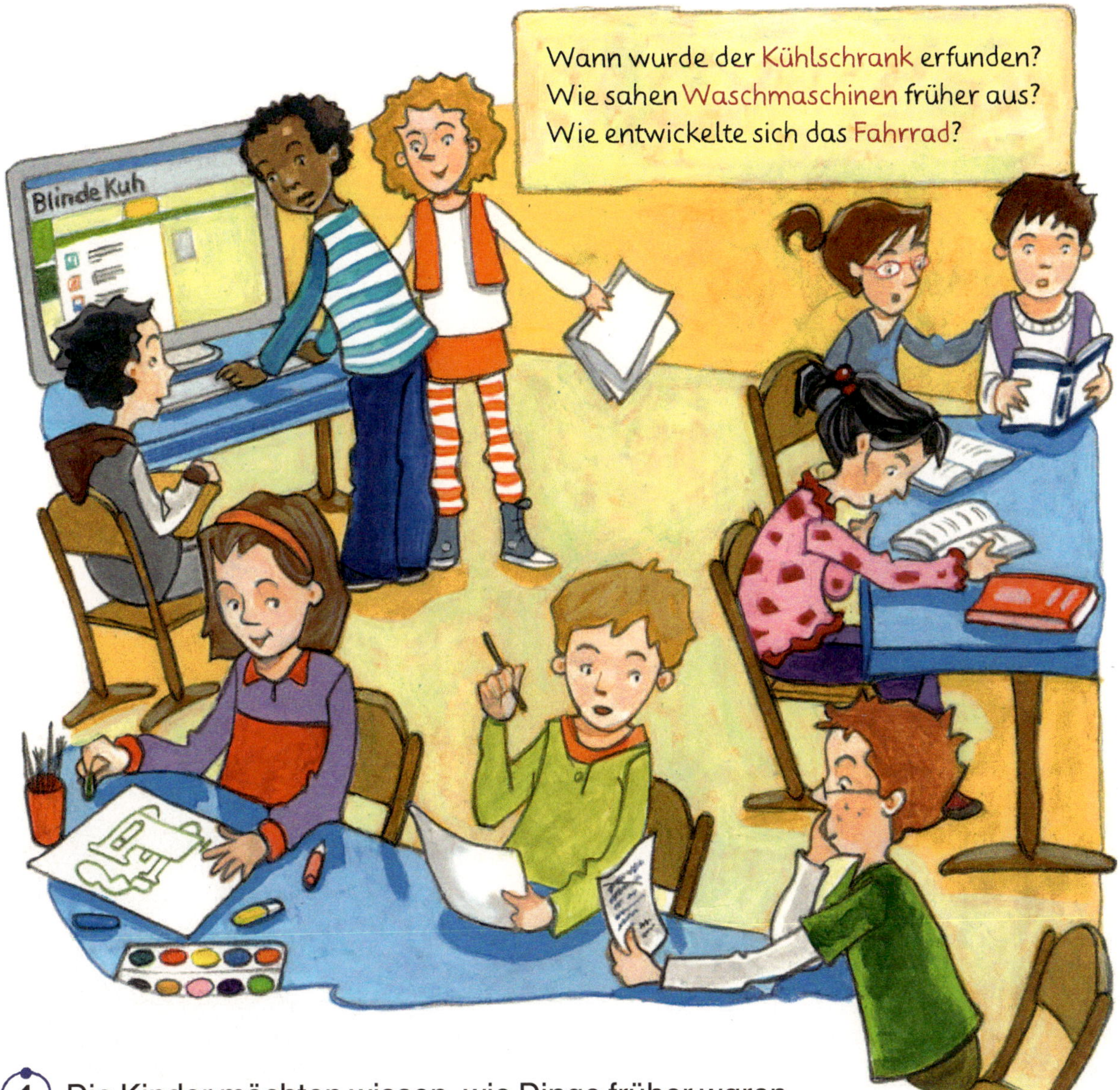

> Wann wurde der Kühlschrank erfunden?
> Wie sahen Waschmaschinen früher aus?
> Wie entwickelte sich das Fahrrad?

1 Die Kinder möchten wissen, wie Dinge früher waren.
Überlege, zu welcher Frage du forschen möchtest.
Oder: Überlege dir eine eigene Frage.

2 Suche Informationen zu deinem Thema.
Suche in Büchern oder im Internet: www.blinde-kuh.de
Gib hier am besten ein Stichwort ein.

Geburtstagswünsche

Großbritannien

Happy birthday to you!
Happy birthday to you!
Happy birthday dear Jonas,
happy birthday to you.

Deutschland

Zum Geburtstag viel Glück!
Zum Geburtstag viel Glück!
Zum Geburtstag, liebe Lena,
zum Geburtstag viel Glück!

Spanien

Cumpleaños feliz!
Cumpleaños feliz!
Te deseamos a ti!
Cumpleaños feliz.

Türkei

İyi ki doğdun Fatma.
İyi ki doğdun Fatma.
İyi ki doğdun. İyi ki doğdun.
İyi ki doğdun Fatma.

1. Versuche, die Texte zu lesen. Welche Wörter kennst du?

2. Singt das Lied in allen vier Sprachen.
   In welchen Sprachen wird der Name des Geburtstagskindes gesungen?

3. Vergleicht das Lied in den unterschiedlichen Sprachen.
   In welcher Sprache werden viele Wörter großgeschrieben?
   Was fällt euch bei einigen Buchstaben auf?

Die Einladung

Lieber Thomas,

am 31. Januar feiere ich meinen Geburtstag.

Dazu lade ich dich herzlich ein.

Komm um 16.00 Uhr in die Heidestraße 12.

Um 19.00 Uhr bringen dich meine Eltern

nach Hause. Bring deine Turnschuhe mit.

Sag mir bitte, ob du kommst,

deine Tina

1 Lies die Einladung.

 **2** Schreibe eine Einladung für deinen Geburtstag
oder zu einem anderen Fest. ⟶ **Tipp**

 Gestalte eine Einladungskarte.
Oder: Schreibe den Text auf dem Computer.
Das ist praktisch. Für deine Geburtstagsfeier kannst du ihn
mehrfach ausdrucken oder per E-Mail versenden.

Tipp

Anrede: Wen möchtest du einladen?

Anlass: Zu welchem Fest möchtest du einladen?

Ort: Wo wird gefeiert?

Datum und Uhrzeit: Wann beginnt das Fest, wann endet es?

Unterschrift: Vergiss nicht deine Unterschrift.

Jahreszeiten

	Frühling	Sommer	Herbst	Winter
der **ein**				
die **eine**				
das **ein**				

✏ **(1)** Schreibe die Nomen für jede Jahreszeit mit beiden Artikeln auf:
der Osterhase – ein Osterhase, die Blume – eine …, das …

✏ **(2)** Suche zehn Nomen in der Wörterliste.
Schreibe sie mit dem bestimmten und
dem unbestimmten Artikel auf.

Merksatz

Nomen können bestimmte oder unbestimmte Artikel haben:
der Hase – ein Hase, die Blume – eine Blume, das Ei – ein Ei.

Das verspreche ich

Für das neue Jahr hat sich Jonas viel [ ] genommen.

Er will sich mit seiner Schwester besser [ ] tragen.

Er will seine Hausaufgaben nicht mehr [ ] gessen.

Er will in der Schule niemanden mehr [ ] petzen.

Er will seinen Hausschlüssel nicht mehr [ ] legen.

Vor allem aber will er nichts mehr [ ] sprechen,

was er nicht einhalten kann.

1 Lest den Text. Wo passt ver und wo passt vor?

2 Schreibe die Verben aus dem Text mit den passenden Wortbausteinen auf.
Oder: Schreibe den ganzen Text auf.

> schreiben • rechnen • kaufen • lieben • turnen
> laufen • zeigen • spielen • sprechen

3 Bilde mit den Wortbausteinen ver oder vor mindestens zehn neue Verben.

Schreibe mit den Verben aus Aufgabe 3 Sätze.

Tag und Nacht

Tag   Nacht   Hand
wach   fragen   Laken
schlafen   tragen   waschen
Abend   baden   Schaf
Sand   kalt

1 Sprich die Wörter und überlege:
Klingt das a lang wie bei Tag oder kurz wie bei Nacht?

2 Schreibe die Wörter auf. Markiere jedes lange a mit einem Strich und jedes kurze a mit einem Punkt.

Schal · Hals · Hut · Strumpf · Hemd · Kopf · Tor
Blut · Zug · Not · Bett · Glas · Brot · Kind · Film · Mut

3 Sprich die Wörter deutlich: Klingt der Selbstlaut lang oder kurz?
Ordne die Wörter in eine Tabelle.
Markiere: langer Selbstlaut __ , kurzer Selbstlaut •.

lang __	kurz •
Schal	Hals

4 Zähle die Mitlaute nach dem Selbstlaut. Was fällt dir auf?

Merksatz

Wenn du wissen willst, ob ein Selbstlaut lang oder kurz ist, sprich das
Wort unterschiedlich aus: Schaf oder Schaf, Nacht oder Nacht?

Sommer und Winter

So●●e Wa●●er We●●e schwi●●en

Ko●●er Pa●●e Ro●●er re●●en

Ba●● Pu●●e Te●●y pa●●eln

Schli●●en Schneema●● Ta●●e kle●●ern

1 Schreibe die Wörter auf. Ergänze die doppelten Mitlaute.
Markiere den kurzen Selbstlaut vor dem doppelten Mitlaut
mit einem Punkt: Sonne, …

Suche in der Wörterliste zehn Wörter mit doppeltem Mitlaut.

Merksatz

Nach einem kurzen Selbstlaut stehen zwei Mitlaute:
Puppe, Ball, winken, Kind.

Rechtschreibtraining

Die Sonne ist untergegangen. Der Mond scheint hell am Himmel. Anna will schlafen, aber sie hat Kummer. Die Mutter soll kommen und sie trösten.

Wörter mit doppelten Mitlauten

rennen	prallen	essen	wollen
k	f	fr	s
scharren	stellen	rattern	wetten
kn	b	kn	r

Übungswörter

die Sonne
hell
der Himmel
will
wollen
der Kummer
die Mutter
soll
sollen
kommen

1 Schreibe die passenden Reimwörter.
Markiere die kurzen Selbstlaute: rennen – kennen, …

Verben mit Wortbausteinen

Fatma will ihrer Schwester etwas ☐lesen.
Aber die zappelt nur herum.
Deshalb ☐liest Fatma sich andauernd.
Sie ☐langt:
„Selin, nur wenn du mir ☐sprichst still zu sitzen,
werde ich dir weiter ☐lesen."

2 Lies den Text. Welcher Wortbaustein passt, ver oder vor?

3 Schreibe den Text ab und setze
die passenden Wortbausteine ein.

Bestimmte und unbestimmte Artikel

| der • die • das | Uhr • Turm • Rad • Zeiger • Stern • Auto |
| ein • eine • ein | Mond • Sonne • Baby • Mutter • Tante • Kind |

1 Schreibe jedes Nomen mit dem bestimmten und
mit dem unbestimmten Artikel auf:

die Uhr – eine Uhr, …

Lange und kurze Selbstlaute

Brot • Drachen • Frage • Gast • Hase
Kappe • Lampe • Löwe • Möwe • Mann
Tisch • Tor • Tür • Zunge • Kind

2 Sprich die Wörter. Achte auf den ersten Selbstlaut.
Ist er kurz oder lang? Ordne so:

| lang __ | kurz • |
| Br**o**t | … |

Taste • Kante • Tante • Falte • Kisten • Küste

3 Ersetze das t im Wort durch den Buchstaben davor.
Dann erhältst du ein neues Wort.
Mache unter dem kurzen Selbstlaut einen Punkt:

Taste – Tasse, …

In der alten Felsenhöhle

In der alten Felsenhöhle
mixt die Hexe mit Gegröle
ihre schlimmen Hexen-Öle:
Rabenschnäbel,
Räubersäbel,
Hungersteine,
Spinnenbeine,
Zirbeldrüse,
Krötenfüße,
Kräutersud
und Drachenblut.
Noch ein wenig Rattenspeck,
eine Prise Hühnerdreck
und ein bisschen Fensterkitt.
Ich wünsche guten Appetit!

Paul Maar

Wie liest du dieses Gedicht am besten? Schnell? Langsam? Laut? Leise?

Gespensterfenster

Es war im Herbst. Die Luft war kühl und frisch.
Das war der Tag, an dem sich alles änderte.
Ein schwarzer Möbelwagen hielt vor dem Rasen
und dicke Männer trugen große Kisten ins Haus hinein.

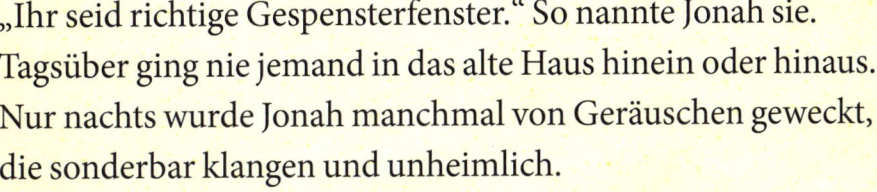

5 An diesem Tag wurden die Fensterläden geschlossen
und erst abends wieder geöffnet, aber auch dann
konnte man nichts Genaues erkennen.
Hinter manchen Fenstern herrschte tiefste Nacht,
hinter anderen flimmerten bunte Lichter,
10 die wie leuchtende Augen blitzten.

„Ihr seid richtige Gespensterfenster." So nannte Jonah sie.
Tagsüber ging nie jemand in das alte Haus hinein oder hinaus.
Nur nachts wurde Jonah manchmal von Geräuschen geweckt,
die sonderbar klangen und unheimlich.

15 Sie kamen aus den dunklen Räumen hinter den Gespensterfenstern
und aus dem dornigen Gestrüpp, von dem das Haus umgeben war.
Manchmal passierten auch merkwürdige Dinge in der Nachbarschaft.
Irgendjemand schrie, dann war es wieder ruhig.
Dann, eines Abends, erblickte Jonah …

Christoph Marzi

> Was könnte Jonah sehen?
> Was könnte passieren?

Lubrimor reist ans Ende der Welt

Der kleine Zauberer Lubrimor will
seine Freundin Xoxia besuchen.
Er will sie fragen, ob sie ihn heiraten will.
Sie wohnt aber fast am Ende der Welt.
5 Als Erstes kommt Lubrimor an eine Pfütze.
Was nun? Hinüberspringen geht nicht.
Die Pfütze ist zu groß. Schwimmen kann er nicht.
Er nimmt seinen Zauberstab und spricht: **1**

Als Nächstes kommt Lubrimor
10 an einen großen Kieselstein, der im Wege liegt.
Was nun? Der Stein ist zu glatt zum Klettern.
Lubrimor nimmt wieder
seinen Zauberstab und spricht: **2**

Jetzt muss Lubrimor
15 durch einen finsteren Riesenwald.
Was nun? Lubrimor nimmt wieder
seinen Zauberstab und spricht: **3**

Schon kommt eins und leuchtet ihm.

Nun ist Lubrimor fast am Ende der Welt.

20 Aber davor steht eine dicke Mauer aus Glasperlen.

Was nun? Lubrimor nimmt wieder seinen Zauberstab und spricht: **4**

Da kommt ein Windhauch und pustet die Mauer auseinander.

Und wer steht hinter der Mauer und gibt Lubrimor

einen dicken Kuss auf die Nase? Natürlich, Xoxia.

25 Geheiratet haben sie eine Stunde später.

1 Lies den Text.

2 Überlege, welcher Zauberspruch an welche Stelle passt: 1 B, …

Zaubersprüche

A „Hokuspokus, fidelkreiter,
   her mit einer kleinen Leiter!"

C „Hokuspokus, mitoqualle,
   dicke, fette Mauer, falle!"

B „Hokuspokus, spaforücke,
   hier entsteht jetzt eine
   Brücke!"

D „Hokuspokus, semapicht,
   Glühwürmchen, knipse an
   dein Licht!"

3 Spielt die Geschichte.
Wie wollt ihr die verschiedenen Hindernisse darstellen?

Fertigt Stabpuppen an und spielt die Geschichte.

Magische Bücher

1

2

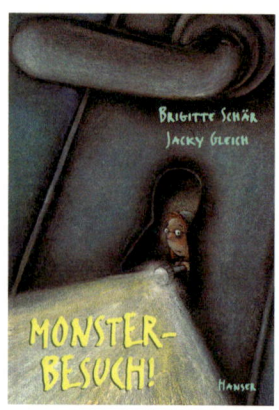

3

4

5

6

1 Lies die Titel der Bücher.

✏️ 2 Von welchen Fantasiegestalten handeln die Bücher?
Buch 1 handelt von …

👧 3 Welches Buch interessiert dich? Warum?

🐾 Versuche, das Buch in der Schule oder in der Bibliothek auszuleihen.
Lies es oder lass es dir vorlesen. Berichte in der Klasse von
diesem Buch.

Verrückte Welt

Lore, gefallen dir meine Haare?

Du hast wirklich niedliche kleine Schuhe an, Irma!

Irma

Lore

Ich habe dir leckere Heuschrecken mit Spinat gekocht, Lisbet!

Danke! So schön wie du kann niemand Musik machen!

Lisbet

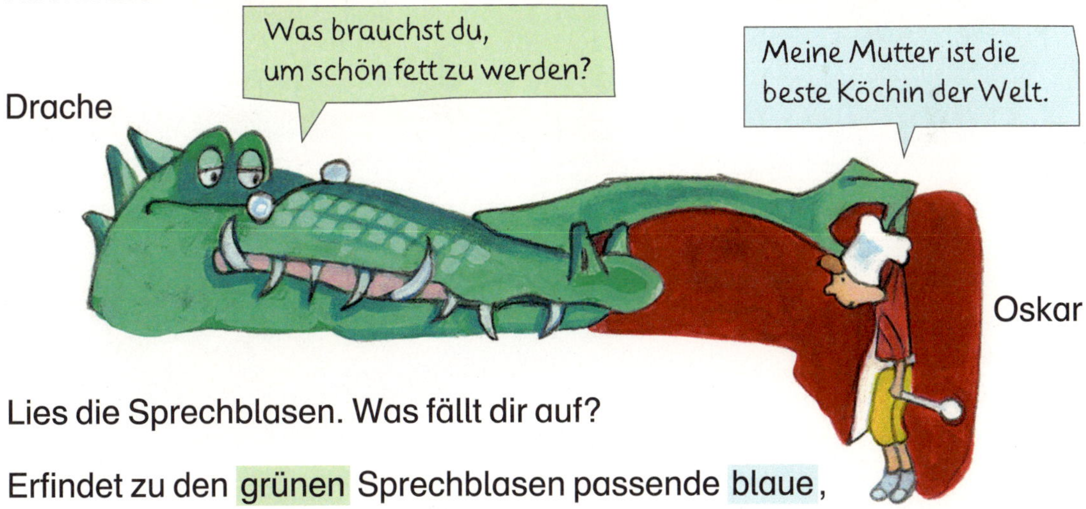

Kochhexe

Was brauchst du, um schön fett zu werden?

Meine Mutter ist die beste Köchin der Welt.

Drache

Oskar

1 Lies die Sprechblasen. Was fällt dir auf?

2 Erfindet zu den grünen Sprechblasen passende blaue, zum Beispiel: Ich finde deine Frisur …!

3 Schreibe alle grünen mit passenden blauen Sprechblasen auf.

Denkt euch ein eigenes Unsinnsgespräch aus und spielt es vor.

Geschichten aus der Zauberschule

In der Zauberschule gibt es eine Geschichtenwerkstatt.

Heute schreiben die Zauberschüler Geschichten aus dem Zettelkasten.

Die Fahrerin mit ihrem schwarzen Helm ....
Ein rotes Motorrad braust durch den Feenwald.

Über dem Turm der Ritterburg schwebt ein Gespenst. Es wispert leise: „Huuuuu, wie mich graust."

Angst, Puppe, Schmetterling

Pinsel, Helm, Fest

Der Nachtdrache war ein riesiges Tier. Jede Nacht ging er auf die Jagd und raubte ....

Nacht, Apfelsine, Zoo

1 Lies die drei Geschichtenanfänge.

2 Wähle einen Anfang und schreibe die Geschichte weiter.
Verwende dabei die Wörter auf den Zetteln.
Oder: Überlege dir selbst Wörter für eine Geschichte aus der Welt
der Zauberer und Hexen. Schreibe mit diesen Wörtern eine Geschichte.

Geheimnisvolle Zauberformel

Hokuspokus
okuspokus
kuspokus
uspokus
spokus
pokus
okus
kus
us
s

us
kus
okus
pokus
spokus
uspokus
kuspokus
okuspokus
Hokuspokus

Christa Zeuch

1 Lies die geheimnisvolle Zauberformel.

2 Schreibe selbst eine geheimnisvolle
Zauberformel. Benutze dazu
die Wörter Pikato oder Simsalabim.

3 Lies deine Zauberformel einem
anderen Kind geheimnisvoll vor.

Denke dir ein eigenes Zauberwort aus und
schreibe eine geheimnisvolle Zauberformel.

Benutze zum
Schreiben
Papier mit
Rechenkästchen.

Bunte Kostüme

klein • groß
grün • lang
kurz • schlank
gestreift • dick
langhaarig • rot
kariert • weiß
gelb • lustig
gruselig • lila

1 Mit welchen Adjektiven könnt ihr Obelix beschreiben?
Schreibt diese Adjektive auf.

> Er hat eine kurze, blaue Hose an.
> Er trägt einen roten Pullover.
> Auf dem Kopf hat er einen kleinen,
> lustigen Hut.

2 Welche Figur auf Seite 70/71 ist in Tintos Rätsel gemeint?
Schreibe das Rätsel mit der Lösung auf.
Markiere alle Adjektive im Text.

Suche dir eine Figur auf Seite 70/71 aus.
Schreibe ein eigenes Rätsel.

Merksatz

Wörter, die sagen, wie etwas ist, nennt man Adjektive:
blau, klein, lang.

59, 129

Der Zauberer Zantopero

So liebt es der Zauberer Zantopero:
Er will immer den Gegensatz zaubern.
Er zaubert aus einem leeren Glas ein volles.
Aus einer kurzen Schlange zaubert er eine
lange.

1 Lies den Text. Finde das andere Gegensatzpaar.

schön • dick • süß dumm • lang • spannend groß • trocken

sauer • dünn kurz • langweilig • nass hässlich • schlau • klein

2 Schreibe die Gegensatzpaare auf:
schön – hässlich, …

krank • hell • voll • sauber • fleißig • kalt • teuer

3 Finde zu diesen Adjektiven den Gegensatz.

4 Schreibe mit den Adjektiven aus Aufgabe 2 solche Sätze:
Eine Hexe ist nicht schön, sondern hässlich.

Hexentaxi

Es hext die Hexe Mixi-Maxi
sich fix ein ganz verrücktes Taxi.
Das Taxi ist ganz toll gemixt
aus tausend Sachen – oh verflixt!

1 Lies die Sätze.

2 Schreibe die Sätze ab und markiere alle x.

3 Hexe Mixi-Maxi hat in ihrem Hexenkoffer lauter verflixte Sachen.
Was ist darin? Schreibe es auf.

4 Schreibe mindestens vier Sätze mit den Wörtern.

Hexenhaare färben

Hexe Miranda schwebt auf ihrem Besen
über ihrem Haus. Sie fragt sich,
wo ihre Freundin Rexia wohl bleibt.
Da kommt sie ja gerade.
Rexia schreibt eine Acht in die Luft.
Plötzlich sind ihre Haare grün-lila gestreift.
Da merkt Miranda, was los ist und
kriegt einen langen Lachanfall.
Nun fliegt sie selber einen tollen Salto
und schon sind ihre Haare rot-blau gefärbt.

1 Lies den Text und schreibe die farbigen Wörter
untereinander auf: schwebt
                              fragt

2 Suche zu jedem farbigen Wort ein verwandtes Wort:
schwebt ←b→ schweben
fragt ←g→ ...

g oder k?

er lie___t • er stei___t • sie par___t

sie sa___t • sie fra___t • es le___t

er trä___t • es schlä___t

b oder p?

sie grä___t • sie he___t

es pie___t • er blei___t

sie hu___t • sie lie___t

es kle___t • er rau___t

3 Suche zu den Wörtern verwandte Wörter:
g oder k? er liegt ←g→ liegen   b oder p? sie gräbt ←b→ graben

Stell dir vor, Miranda und Rexia fliegen einen Doppelsalto.
Hast du eine Idee, was dann passieren könnte?

Rechtschreibtraining

Es merkt die Hexe Fixifax
sich schnell ein starkes Zauberwort:
Sie sagt nur einmal Rixirax,
fix ist sie am gewünschten Ort.
Dort hext sie eine Extratorte
und färbt sie gelb, ganz ohne Worte.

Wörter mit x

| Bo |
| Le |
| Mi |
| e |
| Te |
| A |
| Ni |

| er |
| ikon |
| er |
| tra |
| t |
| t |
| e |

Übungswörter

merken
sie merkt
die Hexe
sagen
sie sagt
fix
hexen
sie hext
die Extratorte
färben
sie färbt

1 Bilde Wörter. Markiere in jedem Wort das x.

2 Lass dir die x-Wörter diktieren.

Gegensatzpaare finden

Ein Ball ist nicht eckig, sondern ____.

Ein Lamm ist nicht groß, sondern ____.

Eine Zitrone ist nicht süß, sondern ____.

Ein Flugzeug fliegt nicht niedrig, sondern ____.

Eine Trompete ist nicht leise, sondern ____.

3 Schreibe die Sätze mit den passenden Adjektiven: Ein Ball ist …

g oder k, b oder p im Verb

g oder k? sie sie▮t • er le▮t • es pi▮t er kla▮t

er flie▮t • sie schlä▮t • er fra▮t • es lie▮t

1 Suche verwandte Wörter: g oder k?

sie siegt ←ᵍ→ siegen, …

b oder p? er lie▮t • sie schwe▮t • es hu▮t • er le▮t

sie kle▮t • er he▮t • sie lo▮t • er schie▮t

2 Suche verwandte Wörter: b oder p?

er liebt ←ᵇ→ lieben, …

Adjektive

3 Beschreibe Tintos Kostüm.
Markiere die Adjektive.

85

Mein Körper

86

Allein zum Supermarkt

Jeden Morgen gegen acht Uhr
hat Margit sich fertig angezogen.
Das Frühstück steht bereits auf dem Tisch.
„Mutti, wo ist die Marmelade?", ruft Margit.
5 „Sie steht im Schrank", kommt die Antwort
aus dem Wohnzimmer.
Margit holt sich die Marmelade selbst.
Sie ist froh nicht bedient zu werden.
„Fährst du für mich einkaufen?",
10 fragt Margits Mutter.
„Gerne", freut sich Margit.
Es ist das erste Mal, dass sie alleine
in den Supermarkt fahren darf.

Franz-Joseph Huainigg

Wann warst du stolz, als du etwas
zum ersten Mal getan hast?
Was ist für Margit anders?

Mia und Mia

Mia steht vor dem Spiegel.
„Wie sehe ich aus?", fragt Mia.
Der Spiegel sagt nichts.
Mia beguckt sich genau.

5 Ihre Haare sehen aus wie gelbe Borsten.
Ihr Mund ist nach unten gebogen.
Ihre Augen sind ziemlich grau.
Aber Mias Nase ist nicht zu groß
und nicht zu klein. Sie ist gerade richtig.
10 Und Mias Nase hat eins, zwei, drei,
vier, fünf, sechs, sieben lustige Pünktchen.
Die hat die Sonne gemalt.

Mia lacht sich an.
Dabei kräuselt sie ihre Nase.
15 Die Sonnenpünktchen beginnen zu tanzen.
Mias Augen leuchten jetzt himmelblau.
„Schön sehe ich aus", sagt Mia.
„Die gelben Borsten sind nicht so schlimm."

Anne Steinwart

Was gefällt dir an dir selbst?
Was gefällt dir, wenn du dich
im Spiegel betrachtest?

Haare waschen

A

Heute muss sich Fatma die Haare waschen. Dies erledigt sie
am liebsten unter der Dusche. Als Erstes stellt Fatma sich
unter den Wasserstrahl, sodass ihre langen Haare nass werden.

B

Nun trocknet sich Fatma mit einem Handtuch ab.
Ihre Haare rubbelt sie etwas trocken.
Manchmal benutzt Fatma einen Föhn,
um ihre langen Haare etwas schneller zu trocknen.

C

Dann muss das Shampoo wieder ausgewaschen werden.
Dazu legt Fatma den Kopf nach hinten. So kann kein Schaum
in ihre Augen kommen. Fatma stellt sich so lange unter
den Wasserstrahl, bis kein Shampoo mehr im Haar ist.

D

Sie drückt etwas Shampoo in ihre Hand und verteilt es
auf ihrem Kopf. Mit den Fingern streicht sie sich durch die Haare.
Es schäumt etwas. Fatma wäscht ihre Haare von der Kopfhaut
bis zu den Haarspitzen.

1 Lies den Text.

2 Die letzten drei Abschnitte sind vertauscht. Bringe sie in die richtige
Reihenfolge. Schreibe die Buchstaben in dieser Reihenfolge auf.

Wie wäschst du dir deine Haare? Erzähle einem Partnerkind.
Oder: Schreibe es in einigen Sätzen auf.

Im Ärztehaus

Dr. Hans Wusel

Praxis für Kinderheilkunde

Tel. 45 36 47

Sprechstunde:

Mo., Di., Do., Fr.:

8–12 Uhr

14–18 Uhr

Mi.: 8–12 Uhr

Dr. Anton Glubsch

Augenarzt

Tel. 31 50 10 69

Sprechstunde:

Mo., Di., Do., Fr.:

8–12 Uhr

15–18 Uhr

Simone Gurr

Praxis für Ergotherapie

Tel. 675 64 75

Termine nach Vereinbarung

Dr. Anne Schnalz

Zahnärztin

Tel. 29 67 56

Sprechstunde:

Mo.–Fr.: 8–13 Uhr

1 Lies die Anzeigetafel.

2 Beantworte die Fragen:

a) Wie heißt der Kinderarzt mit Vornamen?

b) An welchem Tag arbeitet Dr. Wusel nur vormittags?

c) Was für eine Ärztin ist Dr. Anne Schnalz?

d) An welchen Tagen ist die Augenarztpraxis geschlossen?

e) Wie lautet die Telefonnummer der Praxis für Ergotherapie?

Die Augen

Mit den Augen können wir Dinge
in unserer Umgebung sehen.
Das Auge wird durch das Augenlid
geschützt. Die Wimpern halten
5 den Schmutz vom Auge fern. Auf der
Stirn befinden sich die Augenbrauen.
Sie sorgen dafür, dass kein Schweiß
ins Auge fließt.

Der schwarze Punkt im Auge
10 heißt Pupille. Durch die Pupille
fällt das Licht ins Auge.
Der farbige Kreis um die Pupille
ist die Iris. Aus der Tränendrüse
tritt ständig etwas Tränenflüssigkeit
15 raus. Durch sie wird das Auge feucht
gehalten und gereinigt.

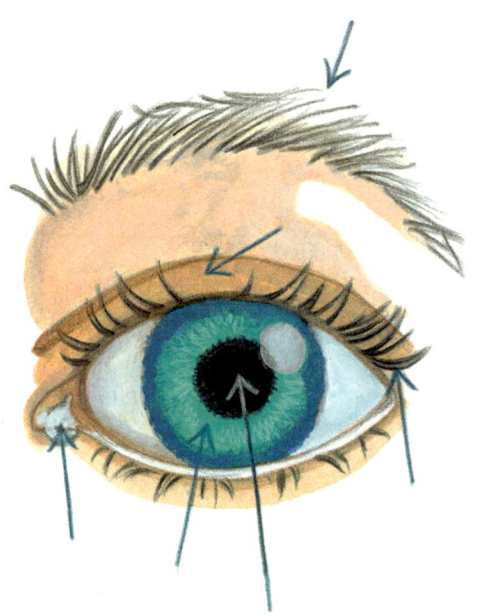

1 Lies den Text und betrachte das Bild.
Ordne beim Lesen die markierten Fachbegriffe dem Bild zu.

2 Male das Auge wie auf dem Bild.
Schreibe die Fachbegriffe an die passende Stelle.
Oder: Schreibe mit jedem Fachbegriff einen eigenen Satz.

Welche Augenfarben kommen in eurer Klasse vor?
Legt eine Liste an.

Von Wackelzähnen und Bauchschmerzen

Erst haben die Zähne vorne gewackelt.
Dann sind sie herausgefallen.
Die Lücke war groß. Ich konnte
meine Finger durchstecken.
Ich sah aus wie ein Vampir.
Für die Zähne habe ich eine
Dose aus Holz. Ich gucke mir
die Zähne manchmal an.
Es sind sechs.

Einmal hatte ich Bauchweh.
Mir war ganz schlecht und
Mama hat gesagt, dass mein
Gesicht ganz blass aussieht.
Ich musste auch oft zur
Toilette rennen. Ich habe mich
hingelegt und Mama hat
zur Sicherheit einen Eimer
vor mein Bett gestellt.
Irgendwann bin ich eingeschlafen
und am nächsten Tag sollte ich
nur Zwieback essen.

1 Lies die beiden Texte.

2 Was hast du erlebt, als du krank warst oder dir wehgetan hast?
Wie hast du dich dabei gefühlt? Erzähle davon.

Schreibe dein Erlebnis auf.

Versuche mit unseren Augen

Was bewirkt die Zwiebel?

Was passiert, wenn du weiter von den Zahlen weggehst?

Was passiert mit der Pupille?

Wie ist das für dich?

1 Führt die Versuche durch.

2 Schreibe zu jedem Versuch die Frage mit der passenden Antwort.

3 Sprecht über die Versuchsergebnisse.

Richtig Zähne putzen

1 Schau dir die Bilder an.

2 Erzähle einem Partnerkind, wie du deine Zähne putzt.

3 Schreibe auf, wie du deine Zähne putzt. → **Tipp**

🐾 Zähle deine Zähne. Benutze dafür einen Spiegel.
Fühle mit deinen Fingern.

Tipp

- Zahnbürste, Zahnpasta, drücken
- Kaufläche, Außenfläche, Innenfläche
- putzen, gründlich, sauber
- ausspülen, ausspucken

Beim Zahnarzt

Der Zahnarzt begrüßt Lena freundlich.

Sie öffnet ihren Mund.

Der Zahnarzt hält einen kleinen Spiegel hinein.

Er untersucht jeden Zahn genau.

Der Zahnarzt trägt jetzt einen Mundschutz.

„Schön, du putzt deine Zähne ziemlich gründlich",

sagt der Zahnarzt zu ihr.

 **1** Lies den Text. Finde die Verben
und schreibe sie auf: begrüßt, öffnet, ...

Dann _____ eine Arzthelferin zu Lena.
       kommen

Sie _____ eine blaue Flüssigkeit auf Lenas Zähnen.
   verteilen

Lena _____ nun, welche Zähne noch nicht richtig sauber sind.
    sehen

Die Arzthelferin _____: „Schau, hier in den Ecken sind Zahnbeläge.
      sagen

Die muss ich entfernen. Ich _____ das mit meiner Bürste."
        machen

 **2** Schreibe den Text mit den Verben in der richtigen Personalform auf.
Unterstreiche die Verben: Dann kommt ...

ich sage	du sagst	er sagt
wir sagen	ihr sagt	sie (alle) sagen

3 Schreibe die drei Verben spülen, füllen und machen so auf:
ich spüle, du ..., er ..., wir ..., ihr ..., sie (alle) ...

Viele Körperteile

Jonas fragt seinen Nachbarn: „Weißt du, wie

geschrieben wird?" Daniel antwortet:

„Schau am besten in der Wörterliste nach!"

Jonas schlägt sein Buch auf.

In der Liste sind alle Wörter nach dem Alphabet sortiert.

Zuerst sucht Jonas die Wörter mit Z. Dann liest er genau.

Er achtet auf den zweiten Buchstaben der Wörter.

Jonas hält seinen Finger unter das Wort.

„ wird mit ▢ geschrieben", flüstert er Daniel zu.

1 Lies den Text. Schau die Wörterliste an.

2 Was flüstert Jonas seinem Nachbarn zu?
Schreibe den Satz auf.

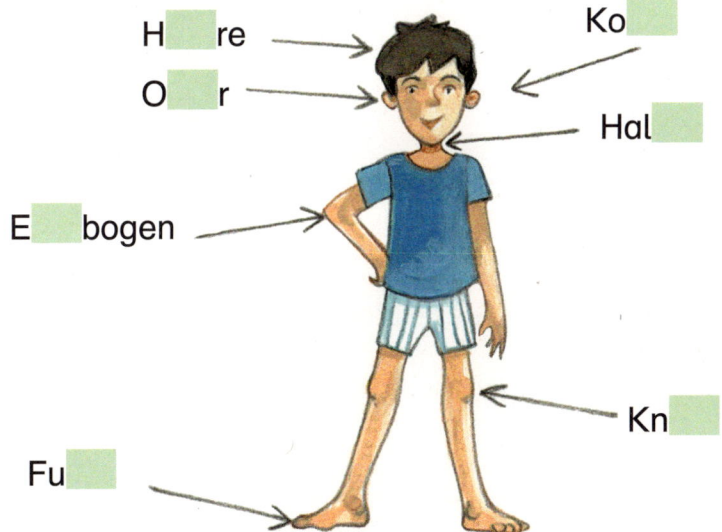

Xx Yy Zz

die **Zahl**, die Zahlen

    zaubern, sie zaubert

der **Zeh**, die Zehen

    zehn

das **Zeugnis**, die Zeugnisse

der **Zoowärter**, die Zoowärter

der **Zopf**, die Zöpfe

3 Sieh in der Wörterliste nach.
Schreibe die Wörter mit ihrem Artikel vollständig auf.

Welche Körperteile kennst du noch? Schreibe sie auf.

Augen auf!

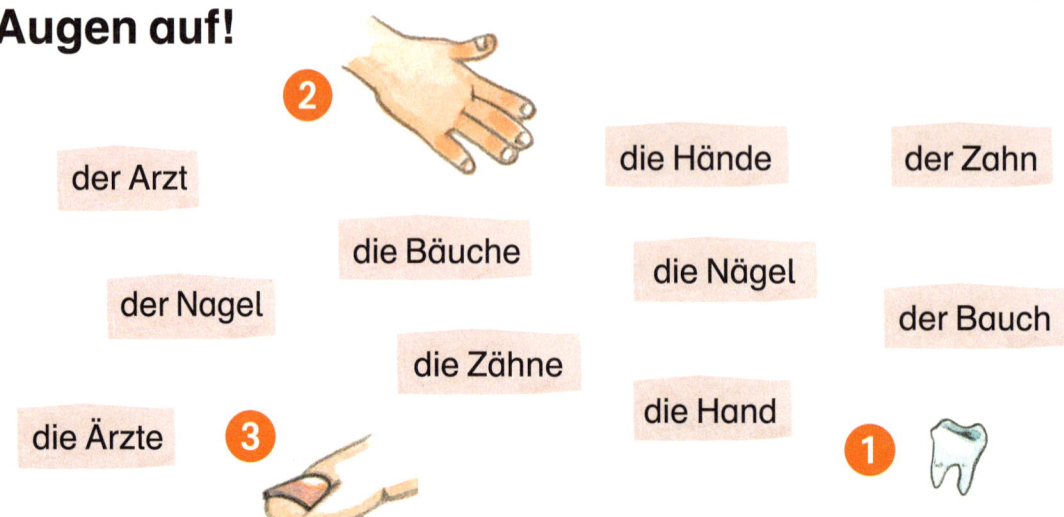

der Arzt

die Hände

der Zahn

die Bäuche

die Nägel

der Nagel

der Bauch

die Zähne

die Hand

die Ärzte

1 Was gehört zusammen? Markiere a-ä und au-äu:
1 der Zahn – die Zähne, …

schläft · fällt · lässt · bläst · läuft · trägt · wäscht

2 Suche zu diesen Verben mit ä oder äu
verwandte Wörter mit a oder au:
schläft ←ä→ schlafen, …

ängstlich · kräftig · kämmen · träumen · lächeln

3 Suche verwandte Wörter mit a oder au:
ängstlich ←ä→ Angst, …

Merksatz

Zu fast jedem Wort mit ä oder äu gibt es ein verwandtes Wort
mit a oder au: **Hände ←ä→ Hand, läuft ←äu→ laufen.**

Ein Bienenstich!

Das ist Fatma noch nie passiert!

Sie liegt auf der Liege im Lehrerzimmer.

Sie schiebt den Ärmel ihres Pullis hoch.

Der Arm ist dick geschwollen.

Wie weh das tut! Nie wieder möchte sie

von einer Biene gestochen werden!

Gut, dass ihre Freundin Marie neben ihr kniet.

„Hier hast du ein Kühlkissen", sagt sie.

„Vielen Dank", antwortet Fatma, „du bist wirklich lieb."

1 Lies den Text. Klingen die i-Laute
der markierten Wörter kurz oder lang?

2 Klingt das i lang oder kurz? Sortiere die markierten Wörter.

Wörter mit i: ist, …

Wörter mit ie: nie, …

Fl☐ge • sch☐ßen • W☐mper • tr☐nken • K☐nd

verl☐ren • F☐ber • F☐nger • l☐nks • s☐ngen

Sprich jedes Wort mit langem und mit kurzem i.

Wie klingt es richtig? Schreibe die Wörter.

Merksatz

Ein lang gesprochenes i wird fast immer ie geschrieben:
Biene, nie, wieder.

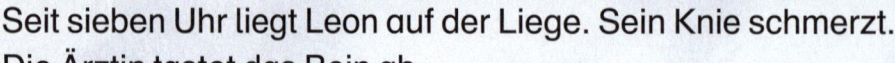

Rechtschreibtraining

Seit sieben Uhr liegt Leon auf der Liege. Sein Knie schmerzt.
Die Ärztin tastet das Bein ab.
Sie lächelt und sagt: „Kalte Umschläge sind hier besonders gut.
Bald läufst du wieder."

Wörter mit ie und i

Jonas hat eine t___fe Wunde am Kn___.
Beim Fußballspiel auf der W___se
___st er gestürzt. So ein M___st!
Zum Glück hat seine Mannschaft
v___le Tore geschossen.
V___r Tore, was für ein S___g!

Übungswörter

sieben
liegen
er liegt
die Liege
das Knie
die Ärztin
lächeln
sie lächelt
die Umschläge
hier
laufen
du läufst
wieder

1 Schreibe den Text ab.
Ergänze die fehlenden Buchstaben.
Achtung, zwei Wörter werden nur mit i geschrieben!

Wörter mit ä und äu

Niklas ist ein kleines Baby. Er schläft noch viel.
Ein kleines Häschen aus Stoff liegt neben seinem Kopf.
Er trinkt aus einem Fläschchen und nuckelt an seinem Däumchen.
Täglich fährt seine Mutter ihn in seinem Kinderwagen spazieren.
Am liebsten mag Niklas, wenn seine Mutter unter Bäumen läuft.
Die grünen Blätter wackeln so schön.

2 Suche zu den markierten Wörtern ein verwandtes Wort mit a oder au:
schläft <—ä—> schlafen, ...

Verben verändern sich

Tim schreibt einen Kuchen.

Lena schießt eine Radiosendung.

Die Lehrerin fährt an die Tafel.

Jonas backt den Ball.

Fatma hört mit dem Fahrrad.

1 Schreibe die Sätze mit den richtigen Verben auf.
Unterstreiche die Verben.

2 Schreibe die Verben so auf:
er backt – backen, …

Wörter nachschlagen

3 Schreibe diese Wörter mit Hilfe der Wörterliste.
Welches Wort folgt in der Liste? Schreibe es dazu.

Im Frühling

Das erste Eis

Sabrina fand es langweilig,
nur so in der Sonne
auf der Bank zu sitzen.
„Ich möchte ein Eis!", sagte sie.
5 „Zitrone, Aprikose und Malaga."

„Kommt gar nicht in Frage!",
antwortete Mama.
„Es ist noch lange nicht Sommer."

„Eis kann man auch im Frühling essen",
10 entgegnete Sabrina.
„Da schmeckt es am allerbesten."

Ingrid Uebe

Was möchtest du tun, wenn es wärmer wird?
Wie überredest du deine Eltern?

Die Amsel

Hell und klar klingt das Lied der Amsel.
Das schwarz gefiederte Männchen
mit dem gelben Schnabel
kennt viele Strophen.

5 Es lockt damit das dunkelbraune Weibchen an.
Die Amseln bauen seit etwa hundert Jahren
ihre Nester auch in den Wohngebieten
der Menschen und überwintern da.
Zwei- bis dreimal im Jahr brüten sie ihre Eier aus.
10 Amseln leben von Würmern und Beeren.

Kinderlexikon

Hast du schon einmal eine Amsel
oder einen anderen Vogel beobachtet?
Erzähle davon.

Singt ein Vogel

Text und Melodie: Heinz Lau

1. Singt ein Vogel, singt ein Vogel,
   singt im Märzenwald,
   kommt der helle, der helle Frühling,
   kommt der Frühling bald.

1.–3. Komm doch, lieber Frühling,
   lieber Frühling, komm doch bald herbei,
   jag den Winter, jag den Winter fort
   und mach das Leben frei.

2. Blüht ein Blümlein, blüht ein Blümlein,
   blüht im Märzenwald,
   kommt der helle, der helle Frühling,
   kommt der Frühling bald.

3. Scheint die Sonne, scheint die Sonne,
   scheint im Märzenwald,
   kommt der helle, der helle Frühling,
   kommt der Frühling bald.

(1) Singt das Lied oder hört es euch an.

(2) Denke dir mindestens eine neue Strophe aus
und schreibe sie auf. ⟶ **Tipp**

Tipp

- Biene, Hummel, Raupe, Tulpe, Junge/Mädchen
- summt, brummt, kriecht, wächst, spielt, rennt

Frühlingsblumen

Die meisten Veilchen sind dunkelviolett. Die Blüten bestehen aus fünf Blütenblättern. Die Blätter haben eine Herzform.

Krokusse sind meistens gelb, weiß oder violett. Die Blüte sieht wie ein kleiner Becher aus. Sie hat einen sehr kurzen Stängel und wächst zwischen den schmalen, spitzen Blättern.

Die gelbe Narzisse wird auch Osterglocke genannt. Die Blüten stehen einzeln auf dem Stängel. Sie bestehen aus einem Becher und einem Kranz von sechs Blütenblättern. Die Blätter sind lang und spitz.

(1) Lies die Beschreibungen der Blumen.

(2) Schreibe die Namen der Blumen untereinander.
Schreibe die Buchstaben der passenden Fotos dahinter.

(3) Wie heißt die vierte Blume? Schreibe auch über sie einen Text.
Oder: Wähle eine andere Frühlingsblume und schreibe einen Text dazu.
Male auch ein Bild dazu oder bring ein Foto mit.

 Macht eine Ausstellung mit euren Texten.

Frühlingsquark

Du brauchst:

- 1 Packung Quark
- etwas Milch
- 1 Schale Kresse
- einige Radieschen
- etwas Salz

- 1 Schüssel
- 1 Brettchen
- 1 kleines Messer
- 1 Schere
- 1 Rührlöffel

So wird es gemacht:

- den Quark in die Schüssel geben
- mit Milch verrühren und salzen
- Kresse mit der Schere abschneiden und in den Quark geben
- Radieschen waschen, putzen und halbieren
- in dünne Scheiben schneiden und in den Quark rühren

Frühlingsquark schmeckt besonders gut auf frischem Brot.

1 Lies das Rezept.

2 Auch ihr könnt Frühlingsquark zubereiten. Besprecht, was jeder mitbringt.

3 Bereitet Frühlingsquark zu. Ihr könnt auch eine andere Klasse zum Frühstück einladen.

Frühlingsrap

♪ ♪ ♪ ♪ ♩ ♩

𝄆 Rot-kehl-chen und Am-sel 𝄇

♪ ♪ ♪ ♪ ♩

𝄆 bau - en jetzt ihr Nest 𝄇

♪ ♪ ♪ ♪ ♩ ♩

𝄆 sin - gen ih - re Lie-der 𝄇

♩ ♩ ♩

𝄆 Früh - lings - fest 𝄇

1. Lies den Rap. Übe den richtigen Rhythmus.

2. Denke dir passende Bewegungen aus.
   Oder: Male ein passendes Bild.

3. Lerne den Rap auswendig.

🐾 Ihr könnt den Frühlingsrap auch als Kanon sprechen.

109

Vögel in unserem Garten

Die Kohlmeise hat
einen schwarzen Kopf
mit weißen Wangen.
Der Rücken ist hellgrün.
Der Bauch ist hellgelb
mit einem schwarzen Streifen.
Auf den Flügeln
ist ein weißer Streifen.
Der Schnabel und die Beine
sind dunkel.

Blaumeise

Rotkehlchen

Buntspecht

1 Lies die Beschreibung der Kohlmeise.

2 Suche dir einen anderen Vogel aus.
Überlege, welche besonderen Merkmale er hat.

3 Beschreibe diesen Vogel genau. → **Tipp**

Tipp

- Brust, Bauch, Rücken
- Kopf, Schnabel
- Flügel, Schwanz, Beine

Sachtexte überarbeiten

Das Rotkehlchen ist
<u>sehr</u> klein.
Es hat <u>dünne</u> Beine.

Die Wörter gucke ich
im Wörterbuch nach.

Markiere die Wörter,
bei denen du
die Rechtschreibung
überprüfen willst.

Die Brust, der Hals und die Stirn
sind orange die Augen sind klein
und schwarz.

Nach „orange"
kann ich einen
Punkt machen.

Setze Punkte.
Dann ist
dein Text
besser lesbar.

Der Rücken und
die Flügel braun.

Ich glaube,
ich habe das
Wort „sind"
vergessen.

Lies den Text langsam
und ergänze Wörter,
die fehlen.

Der Schnabel und die Augen
sind dunkel. Ich mag
Rotkehlchen sehr gern.

Lass den letzten Satz weg.
Das kann man nicht sehen.

Lies die Beschreibung.
Überprüfe, ob man
alles sehen kann.

Es wird wärmer – es wird Frühling

Im Frühling werden die Tage wieder länger
und die Nächte kürzer. Jeden Morgen
singen die Vögel etwas früher.
Jetzt wird es auch wieder wärmer.
5 Im Garten wachsen schon die Tulpen.
Ihre Stängel werden immer dicker
und die Blätter immer größer.
Die Amsel hat schon ein Nest gebaut.
Selbst die Wiese sieht jetzt aus,
10 als ob sie immer grüner würde.

1 Die Grundstufe von länger ist lang.
Finde zu den markierten Adjektiven in der Geschichte
die passende Grundstufe: länger – lang, kürzer …

alt • klein • schnell • laut • schwer
spät • leicht • sauber • tief • dünn

2 Finde die Vergleichsstufe zu diesen Adjektiven:
alt – älter, …

Tiere im Frühling

Amseln			
Amseln	fressen		
Amseln	fressen	jeden Tag	
Amseln	fressen	jeden Tag	viele Würmer

1 Lies den Treppensatz.

2 Schreibe jedes Satzglied auf einen Zettel.
Schreibe in unterschiedlichen Farben.

3 Stelle die Satzglieder um und schreibe neue Sätze auf.

4 Bilde mit den Satzgliedern auch eine Frage.

🐾 Denke dir einen Satz zum Bild auf Seite 102/103 aus.
Stelle ihn zweimal um.

Merksatz

Ein Satz besteht aus mehreren Satzgliedern.
Du kannst die Satzglieder umstellen und verschiedene Sätze bilden:
Amseln fressen jeden Tag viele Würmer.
Fressen Amseln jeden Tag viele Würmer?

Fatmas Feuerbohne

In der Schule haben die Kinder
Feuerbohnen gepflanzt.
Das war vor drei Wochen.
Fatma freut sich, ihre Bohne
5 ist kräftig gewachsen.
Heute sind wieder
zwei neue Blätter zu sehen.
Da kommt ihre Freundin Hannah.
Sie ist ganz neugierig:
10 „Ist deine Bohne auch schon
so groß wie meine? Die ist
jetzt fünfzig Zentimeter groß."
Die Mädchen messen Fatmas Bohne:
Neunundfünfzig Zentimeter!

1 Schreibe alle Wörter mit eu auf.
Markiere in jedem Wort das eu: Fe<u>u</u>erbohne, …

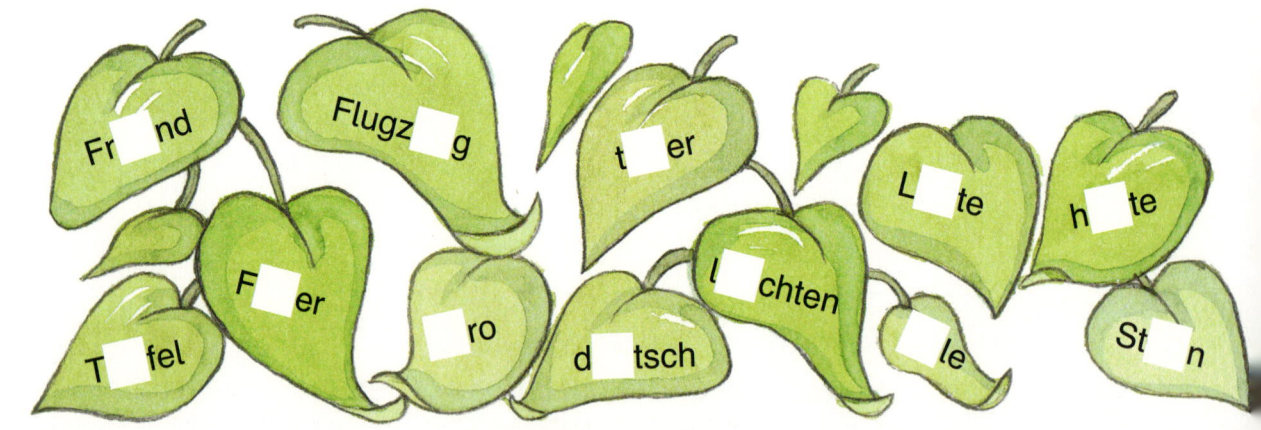

Fr___nd Flugz___g t___er L___te h___te
F___er ___ro d___tsch l___chten ___le St___n
T___fel

2 Schreibe die Wörter und setze Eu/eu ein.
Achtung: Ein Wort wird nicht mit eu geschrieben.

Veilchen im Garten

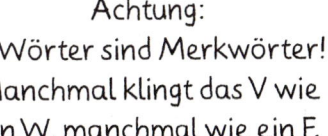

Achtung:
V-Wörter sind Merkwörter!
Manchmal klingt das V wie
ein W, manchmal wie ein F.

Viola entdeckt vierzehn Veilchen im Garten.

Viktor übt am Vormittag vielleicht am Klavier.

Vater strickt sich einen violetten Pullover.

Valentin soll eine Vampirgeschichte vorlesen.

Vera ist im November immer brav.

Vadim rast viel zu schnell um die Kurve.

Sylvia sieht ein Vogelnest mit vier Eiern.

1 Lies die Sätze.
Achte auf die Wörter mit V und v.
Hörst du einen F-Laut oder einen W-Laut?

2 Ordne die Wörter in eine Tabelle.

V wie Vogel	V wie Vase
vierzehn	Viola
…	…

Schreibe mit einem Partnerkind alle Wörter mit V oder v auf,
die ihr finden könnt.
Ihr könnt auch ein Wörterbuch benutzen.

Rechtschreibtraining

Alle Leute freuen sich. Die Vögel singen wieder.
Viele Veilchen und Tulpen kommen hervor.
Vater hat im Garten für die Kinder eine neue Schaukel gebaut.
Die freuen sich schon auf das Osterfeuer.

Wörter mit eu

Im Geschäft sind viele ____ .

____ besucht uns meine Oma.

Meine ____ Hose ist dunkelblau.

Papas ____ hat ein silbernes Motorrad.

Geh nicht so nah ans ____ !

heute • neue • Feuer • Leute • Freund

Übungswörter

die Leute
freuen
der Vogel
viele
die Veilchen
hervor
der Vater
neu
das Feuer

1 Schreibe die Rätselsätze mit den passenden
Lösungswörtern. Markiere alle eu.

Wörter mit V und v

viel • vier • der Vater • der Vogel • vorn • die Kurve
der Karneval • der Pullover • vor • der Vampir

2 Lies die Wörter und merke sie dir.

3 Lass dir die Wörter von einem Partnerkind diktieren.
Kontrolliere die Wörter anschließend mit der Buchvorlage.

Satzglieder

Lena			
Lena	schreibt		
Lena	schreibt	einen Brief	
Lena	schreibt	einen Brief	an ihre Tante

1 Lies den Treppensatz.

2 Schreibe jedes Satzglied auf einen Zettel.
Schreibe in unterschiedlichen Farben.

3 Stelle die Satzglieder um und schreibe zwei neue Sätze auf.
Finde auch eine Frage.

Mit Adjektiven vergleichen

groß • nett • alt • weich • dick • jung
neu • freundlich • heiß • traurig

4 Finde zu jeder Grundstufe die passende Vergleichsstufe:
groß – größer, nett – …

5 Bilde Sätze mit den Adjektiven und ihren Vergleichsstufen:
Hannahs Bohne ist groß, aber Fatmas Bohne ist …

Am Wasser

Seegedicht mit einer Lüge*

Unterm blauen Meeresspiegel,
wo die Elefanten wohnen,
gibt's auch Löwen, Hunde, Igel
und die schönsten Anemonen.
5 Gurken schweben durch die Wogen,
Schlangen schlängeln hin und her,
und es stechen ungelogen
tausend Nadeln in das Meer.
Sogar Kühe oder Pferde
10 weiden mitten auf den Wiesen,
wo auf nasser Meereserde
tausend grüne Gräser sprießen.
Wie am Himmel so viel Sterne
liegen auf dem Grund im Meer,
15 und sie leuchten in der Ferne –
das zu glauben fällt nicht schwer.

Heinz Brand

Findest du heraus, was in dem Gedicht nicht stimmt?

* Es gibt See-Elefanten, Seelöwen, Seehunde und Seeigel, auch Seeanemonen, Seegurken, Seeschlangen und Seenadeln, ebenso Seekühe, Seepferdchen, Seewiesen und Seegras. Sogar Seesterne! Aber die leuchten nicht.

Sam findet einen Wal

Sam lebt in Australien am Meer.

Sam lief über den harten Sand des Küstenstreifens.
Die Augen hielt er fest auf den Wal gerichtet.
Ein großer ist es nicht, dachte er.
5 Staunend blieb er neben dem Tier stehen.
Der Schwanz und die kleine Rückenflosse, das sah aus
wie bei einem Delfin. Der schräg abgeflachte Kopf sah aus
wie bei einem Haifisch.

Sam stand im Wasser und beugte sich über den Kopf des Tieres.
10 Da wurde die Stille plötzlich und ohne Vorwarnung von einem
heiseren Röcheln, wie von einer Explosion, unterbrochen.
Es kam aus dem Kopf des Tieres.

Sam drehte sich um und machte einen Satz weg von dem Tier.
Hinter ihm hob sich die große Schwanzflosse. Er konnte es
15 nicht sehen, aber er spürte es. Sein Herz raste vor Angst.
Dann prallte ein schweres Gewicht gegen seinen Rücken
und warf ihn mit dem Gesicht nach unten in die Brandung.
Seine Lungen bebten, seine Gedanken überschlugen sich …
Er lebt … er ist LEBENDIG!
20 Er atmet, dachte er. Es ist wirklich ein Wal.

Katherine Scholes

Wie geht es wohl
dem gestrandeten Wal?

Käpten Knitterbart und seine Bande

Käpten Knitterbart war der Schrecken aller Meere.
Eines Tages überfiel er wieder mal ein Schiff.
Aber das Schiff hätte er besser vorbeifahren lassen.
Denn an Bord war ein kleines Mädchen namens Molly.
5 „Die nehmen wir mit!", knurrte Knitterbart.
„Für das Schätzchen bezahlen die Eltern jede Menge
Lösegeld. Wenn nicht, kommt sie zu den Haifischen.
Los, sag mir den Namen und die Adresse von deinen Eltern!"
„Sag ich nicht!", knurrte Molly zurück.
10 „Wenn du den Namen von meiner Mutter hörst, machst du dir
vor Angst sowieso in die Hose!" Die Piraten grölten vor Lachen.

Da ließ Knitterbart Molly schuften. Sie musste
Säbel polieren, Segel flicken und das Deck schrubben.
Molly tat bald jeder Knochen weh.

15 Jeden Abend feierten die Piraten. Molly aber schrieb
heimlich einen Zettel und steckte ihn in eine leere Flasche.
Wenn die Piraten in ihren Kojen schnarchten,
warf Molly die Flaschenpost ins Meer.
Jede Nacht tat sie das …

Cornelia Funke

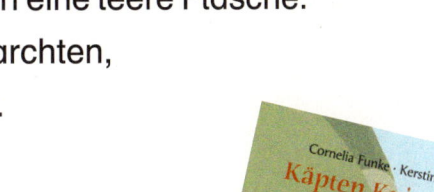

1 Lies die Geschichte.

2 Warum haben die Piraten Molly gefangen?
Warum schreibt Molly jede Nacht eine Flaschenpost?

3 Kann Molly sicher wissen, ob ihre Flaschenpost ankommt?
Was unterscheidet eine Flaschenpost von der normalen Post?

4 Was könnte Molly auf den Zettel geschrieben haben?

Wie könnte die Geschichte ausgehen? Wird Molly gerettet?

1 Wo kannst du Bücher und andere Medien zum Thema Wasser finden?

2 Was interessiert dich am Thema Wasser?
   Besorge dir Bücher und andere Medien dazu.

3 Tauscht euch über eure Medien aus und begründet eure Auswahl.

   Warum braucht ihr für eine öffentliche Bibliothek einen Leseausweis?

Sauberes Wasser

> Papa, Herr Schmidt wäscht draußen vor der Garage sein Auto! Das ist doch verboten!

> Ja! Dabei kann Öl in den Boden sickern. Das verseucht unser Grundwasser.

> Die großen Schiffe sind noch viel schlimmer. Die lassen einfach ihr Altöl ins Meer laufen.

> Wisst ihr noch: Letzten Sommer war sogar das Baden in unserem Badesee verboten, weil er zu viele Keime* enthielt.

> Und dann verkleben die Federn der Seevögel und sie kommen jämmerlich um! Und wir können nicht mehr dort baden.

*Keime sind Krankheitserreger.

1 Lies das Gespräch. Worüber diskutiert die Familie?

2 Findet Argumente: Warum ist sauberes Wasser so wichtig?

3 Finde weitere Ursachen für die Wasserverschmutzung.

Wie könntet ihr zu Hause oder in der Schule helfen, Wasserverschmutzung zu vermeiden?

Alles Wasser

1. Schau dir die Bilder an.
   Wähle ein Bild aus, das dir besonders gefällt.

2. Sammle Wörter, die dir zu deinem
   gewählten Bild einfallen.
   Das können Nomen, Verben oder Adjektive sein.
   Schreibe die Wörter auf.

spritzen   Brücke   glitzernd

87, 88, 121

Wasser-Elfchen

kalt
fließendes Wasser
aus dem Brunnen
es kühlt meine Finger
toll

hart
zugefrorener See
ganz dickes Eis
gleich laufe ich Schlittschuh
Winter

1 Lies die beiden Elfchen.

Warum heißen solche Gedichte Elfchen?

2 Schreibe auch ein Elfchen.
Du kannst dazu die Wörtersammlung
von Seite 126 benutzen.

Elfchen-Rezept

eine Eigenschaft

etwas mit dieser Eigenschaft

wo oder wie es ist

das ist auch noch wichtig

ein Wort als Schluss

Gestalte ein Schmuckblatt mit deinem Elfchen.
Schreibe es dafür besonders schön auf.

Überall Wasser!

Regen	Eimer
Mineral	Farbe
Schmutz	Glas
Schlaf	Leitung
Salz	Becken
Meer	Mann

1 Bilde zusammengesetzte Nomen mit Wasser.
Achtung: Mit einem Wort kannst du kein neues Wasserwort bilden:
Regen + Wasser: Regenwasser, …

Regenmantel • Hausboot • Eisberg • Luftmatratze

Wasserpfütze • Schneeflocke • Seepferdchen • Karpfenteich

2 Trenne die zusammengesetzten Nomen:
Goldfisch: Gold + Fisch, Regenmantel: …

Aus wie vielen Nomen ist das Wort *Wasserballspieltorwurf*
zusammengesetzt? Schreibe alle Wörter auf. **Oder:**
Versuche selbst, lange, zusammengesetzte Wörter zu finden.

Merksatz

Nomen, die aus mehreren Wörtern zusammengesetzt werden,
nennt man zusammengesetzte Nomen (Substantive):
Regen + Wasser: Regenwasser.

Hafenmeister oder Bademeister?

Kran • Fische • Hafenmeister • Sprungturm
Planschbecken • Liegewiese • Bademeister
Anlegestelle • Rutsche • Fischerboot • Steg
Dusche • Umkleidekabine • Hafenbecken
Sprungbrett • Möwe • Startblock • Fähre

1 Lies die Wörter.

2 Welche Wörter gehören zum Wortfeld Hafen?
Wortfeld Hafen: Hafenmeister, Kran, …

3 Zu welchem Wortfeld gehören die anderen Wörter?
Schreibe sie auf und finde eine passende Überschrift:
Wortfeld …: …

Quallen

Frösche, Schweine, Türen,
quaken, quieken, quietschen,
doch die Quallen zählen
zu den stillen Tieren.
Sie schweben gleich Engeln
dahin ohne Quengeln.
Sie machen nicht Qualm,
sie reden nicht Quatsch.

Josef Guggenmos

1 Lies das Gedicht.

2 Schreibe das Gedicht ab. Markiere alle Qu und qu.

Quark Quiz quer Quartett Kaulquappen

Quelle Quadrat quatschen quälen quasseln

quicklebendig Quittung Quitte

> Der Laut kw wird immer Qu oder qu geschrieben.

3 Schreibe die Wörter aus den Quallen auf.
Sortiere sie nach Wortarten:
Nomen: Quark, …
Verben: …
Adjektive: …

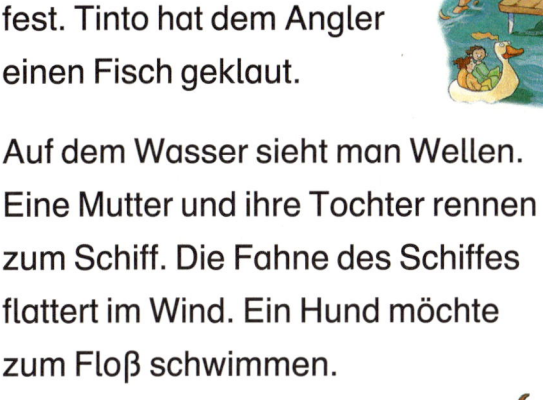

Im Hafen ist viel los

Ein Ruderboot legt an.
Ein Luftschiff ist gelandet.
Tim bindet das Segelboot
fest. Tinto hat dem Angler
5 einen Fisch geklaut.

Auf dem Wasser sieht man Wellen.
Eine Mutter und ihre Tochter rennen
zum Schiff. Die Fahne des Schiffes
flattert im Wind. Ein Hund möchte
10 zum Floß schwimmen.

1 Lies die Sätze.

2 Klatsche die Wörter.
Schreibe die Sätze aus dem ersten Abschnitt
mit Trennstrichen zwischen den Silben auf:
Ein Ru-der-boot, …

3 Schreibe auch die Sätze aus dem zweiten Abschnitt
mit Trennstrichen zwischen den Silben auf.
Achtung! Doppelte Mitlaute trennst du zwischen den Mitlauten:
Auf dem Was-ser …

Suche in der Wörterliste mindestens zehn Wörter, die du trennen kannst.
Schreibe sie mit Trennstrichen auf.

Merksatz

Wörter bestehen aus Silben. Am Zeilenende kann man die Wörter
zwischen den Silben trennen: **Ha-fen, Was-ser**.

Rechtschreibtraining

Wasser quillt aus der Erde. Das ist eine Quelle.
Aus dem Quellwasser wird ein Dorfbach. An seinem Ufer quaken
laut Frösche. Platsch! Einer springt ins Wasser.
War das ein Laubfrosch?

Wörter mit Qu und qu

Quadrat • quälen • Qualle • Qualm • quer
Quittung • Quiz • Quecksilber •
Quatsch • qualvoll • quasseln • Quark

Übungswörter

es quillt
Quellen
die Quelle
das Quellwasser
der Dorfbach
quaken
der Laubfrosch

1 Schreibe die Wörter ab. Markiere in jedem Wort
das Qu oder qu: Quadrat, quälen, …

2 Lass dir die Wörter von einem Partnerkind diktieren.

Wörter trennen

Schere • Flasche • bewegen • Hose • Ampel • Auto
Blume • draußen • waschen • nämlich • Körper
Flugzeug • Geschäft • merken • lernen • Regen • zeigen

3 Trenne die Wörter nach Silben: Sche-re, Fla-sche, …

Im Hafen ist viel los. Schiffe werden entladen.
Eine Reisegruppe besichtigt den Hafen.
Gerade legt eine große Fähre ab.

4 Schreibe die Sätze mit Trennstrichen zwischen den Silben auf.
Trenne doppelte Mitlaute zwischen den Mitlauten.

Wortfelder

Bahnhof • Käsetheke • Kühlregal • Bahnsteig
Gleis • Fahrkartenschalter • Einkaufszettel • abfahren
Schnellzug • Schaffner • Fahrkarte • Kassenzettel
verreisen • schleppen • Regal • Kasse • Verkäuferin
Obstkorb • einkaufen • bezahlen • aussuchen

1 Ordne die Wörter dem Wortfeld zu.
Manche Wörter passen in beide Wortfelder:
Wortfeld Bahnhof: …
Wortfeld Supermarkt: …

2 Finde Wörter zum Wortfeld Schule:
Tafel, Klasse, …

Zusammengesetzte Nomen

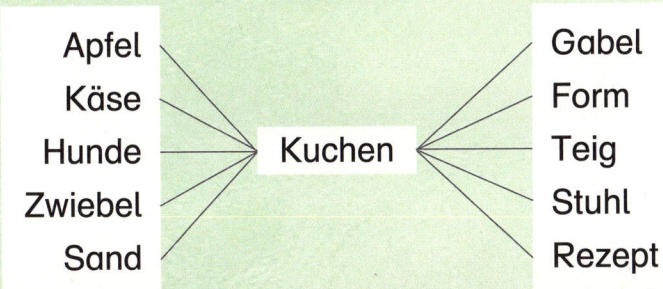

Apfel		Gabel
Käse		Form
Hunde	Kuchen	Teig
Zwiebel		Stuhl
Sand		Rezept

3 Schreibe die zusammengesetzten Nomen auf. Achtung:
Mit einem Wort gibt es kein zusammengesetztes Nomen.

Finde zusammengesetzte Nomen zu Buch- und -buch:
Buchseite, Märchenbuch, …

Auf der Baustelle

Ein Haus wird gebaut

1. Schaut euch die Bilder an. Worum geht es auf den Bildern?

2. Die Bilder gehören zu dem Text auf Seite 137.
Erzählt: Was könnte in dem Text stehen?

A

Die Wände werden gemauert.
Dazu braucht man Mörtel. Das
ist ein Brei aus Sand, Wasser
und Kalk. Der Maurer packt
mit der Kelle Mörtel auf die Steine.
Er arbeitet mit der Wasserwaage
und der Maurerschnur, damit
die Wand gerade wird.

B

Rund um die Baustelle wird
ein Bauzaun errichtet. Der
Baggerführer beginnt mit dem
Ausschachten. Der Bagger hebt
mit seiner Schaufel die Erde für
den Keller aus. Ein Arbeiter hilft
dabei mit dem Presslufthammer.
Das macht einen Höllenlärm.

C

Das Haus bekommt ein Flach-
dach. Darauf sollen Pflanzen
wachsen. Auf der Betondecke
wird eine Wurzel-Schutzfolie
verlegt. Die zweite Schicht ist
eine dicke Matte. Sie speichert
Feuchtigkeit. Überflüssiges
Wasser leitet sie ab. Zum Schluss
wird das Dach mit Erde bedeckt.

D

Das Fundament wird mit Beton
gegossen. Das ist eine Mischung
aus Sand, Kieselsteinen, Zement
und Wasser. Der Beton wird als
dicker Brei auf die Baustelle
gebracht. Damit der Beton stabil
wird, legt man Eisenstangen
hinein. Der Beton wird gleich-
mäßig verteilt und geglättet.

1 Lies die Abschnitte A und B.
In welchem Teil wird vom Beginn
der Bauarbeiten berichtet?

2 Lest die Texte.
Ordnet die Textabschnitte den Bildern links zu.

3 Welche Wörter haben dir geholfen, das passende Bild zu finden?

4 Erzähle, wie das Haus gebaut wird.

Häuser, Häuser

„Iglu" nennen die Inuit ihre
Schneehütten. Auf Deutsch
heißt das ganz einfach „Haus".
Ein Iglu wird aus Schneeblöcken

5 gebaut. Das dauert nur wenige
Stunden. Die Iglus dienen heute
nur noch als Unterkunft bei
der Jagd. Die Inuit leben jetzt
in Holzhäusern.

10 Dies ist eine „Jurte". So nennt
man das Haus der Wanderhirten
in Nordchina. Man kann die Jurte
leicht aufrichten und auch schnell
wieder abbauen.

15 Etwa sechsmal im Jahr ziehen
die Hirten mit ihren Pferden und
Schafen zu neuen Weideplätzen.

1 Lies die beiden Texte.

2 Beantworte die Fragen:
Was heißt „Iglu" auf Deutsch?
Wozu dienen die Iglus heute?
In welchem Land werden Jurten gebaut?

3 Warum muss man die Jurten schnell aufbauen
und abbauen können?

Denke dir zu jedem Text eine weitere Frage aus.

Auf dem Bauspielplatz

Hier, die Wasserwaage!

Wo ist denn der Schraubendreher?

Na endlich!

Der Rahmen kippt! Hilft mir denn keiner?

Stell dich nicht so an!

Mach doch deine Augen auf!

Au, du hast meinen Daumen getroffen!

Der Nagel sitzt schief. Her mit der Zange!

1. Lest die Sprechblasen. Was fällt euch auf?

2. Wie möchtest du angesprochen werden? Verändere die roten Sätze.

3. Erstellt ein Plakat mit Regeln für den Bauspielplatz.

Der Kranführer

Hoch oben auf dem Turmdrehkran sitzt
der Kranführer in seinem Führerhaus.
Über die Dächer der Häuser hinweg kann
er weit ins Land schauen. Aber er muss
5 sich auf seine Arbeit konzentrieren.
Mit den verschiedenen Hebeln am
Schaltpult bewegt er den Ausleger
des Krans.
Unten hängen Arbeiter einen Korb mit
10 schweren Mauersteinen an den Haken
der Tragseile. Der Kranführer hebt sie
hoch zum dritten Stock.
Er muss dabei sehr vorsichtig sein.
Sonst verrutscht die Palette und
15 die Steine poltern hinunter.
So könnte ein Unglück geschehen.
Er dirigiert die Steine genau dorthin,
wo die Maurer gerade arbeiten.
Da setzt er seine Last ab.

1 Lest den Text. Erzählt von der Arbeit des Kranführers.

2 Schreibe eine Geschichte mit der Überschrift:
„Der Kranführer erzählt"
Ich sitze im Führerhaus …

> **Tipp**
> • Ich möchte gerne … werden.
> • Ich finde diesen Beruf gut,
>   weil …

Was möchtest du werden?
Schreibe eine Geschichte darüber.

Der Hausbaum

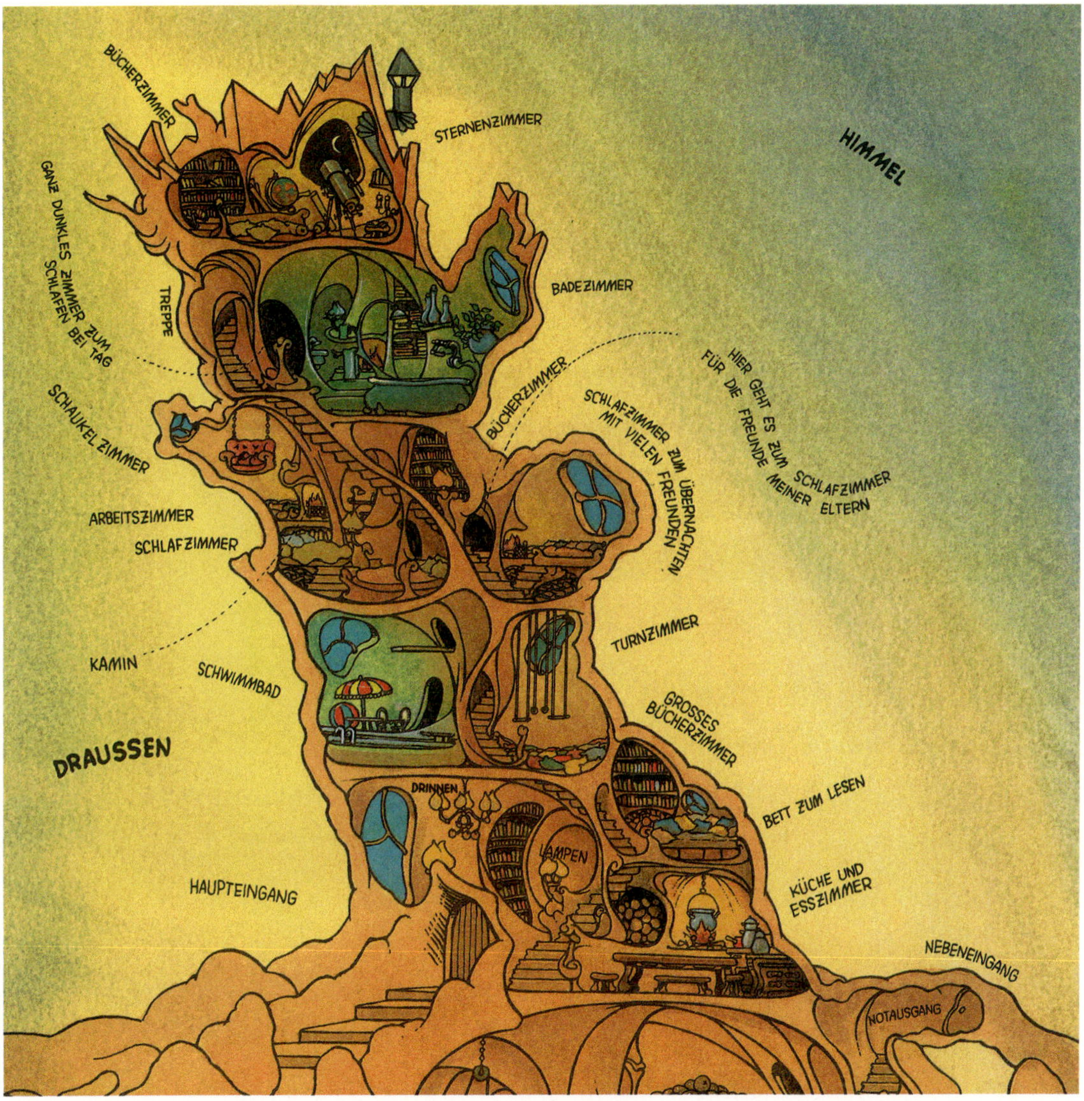

1. Schaut euch den Hausbaum an. Erzählt, wie es darin aussieht.

2. Schreibe auf, welche Zimmer es im Hausbaum gibt.
   Welches wäre dein Lieblingszimmer? Unterstreiche es.

3. Stell dir vor, du wohnst einen Tag im Hausbaum. Beschreibe diesen Tag.
   Oder: Male und beschreibe ein neues Zimmer im Hausbaum.

Auf dem Bau

> schnell · tief · schneller · am lautesten
> am schnellsten · lauter · am stärksten
> stärker · am tiefsten · tiefer · stark · laut

1 Sortiere die Adjektive:
schnell, schneller, am schnellsten, …

groß	größer	am größten
schwer	schwerer	
klein		am kleinsten
lang		
hoch		

2 Schreibe die Adjektive auf.
Ergänze die Vergleichsstufen:
groß, größer, am größten, …

> Der Lastwagen ist hoch.
> Der Bagger ist höher.
> Der Kran ist am höchsten.

3 Wähle mindestens ein Adjektiv von Aufgabe 2 aus und
schreibe dazu drei Sätze mit den Vergleichsstufen.

Merksatz

Mit Adjektiven kann man vergleichen:
Der Lastwagen ist hoch. Der Bagger ist höher.
Der Kran ist am höchsten.

Ein Neubau

Hier wird ein großes Haus gebaut.
Rund um den Bauplatz ist ein Bauzaun.
Die Baugrube ist schon ausgehoben.
Ein Lastwagen fährt die Erde weg.
Bald kommen die Bauarbeiter.
Es wird noch lange dauern,
bis der Rohbau fertig ist. Was soll
das wohl für ein Gebäude werden?

1 Lest den Text. Beantwortet die Frage.
Sucht vier Wörter mit Bau heraus.

2 Schreibe alle Wörter heraus, die zur Wortfamilie bauen gehören.
Unterstreiche den Wortstamm Bau/bau: Neubau, …

> arbeiten • holen • Arbeiter • arbeitslos • fest
> Bauarbeiter • Arbeitszeit • Leiter • Arbeit • Pause
> gearbeitet • Arbeitsamt • fertig • verarbeiten

Wörter, die den gleichen Wortstamm haben, gehören zu einer Wortfamilie.

3 Neun Wörter im Kasten gehören
zu einer Wortfamilie. Schreibe sie auf
und unterstreiche den Wortstamm.

Schreibe einen Satz, in dem mindestens
drei Wörter der Wortfamilie bauen vorkommen.

Die Malerin

Fertig!

Der letzte Pinselstrich ist getan.

Die Malerin sitzt auf der Leiter

und putzt ihre schmutzigen Hände ab.

Sie sind mit Farbe bespritzt.

Die Malerin nimmt ihre Mütze ab.

Sie schwitzt.

Jetzt hat sie sich eine Pause verdient.

1 Lies den Text.

2 Schreibe alle Wörter mit tz auf.
Markiere alle tz.

3 Schreibe den Text um. Ersetze Die Malerin durch Der Maler.
Du musst insgesamt zehn Wörter ändern.

sitzen	Mütze	schwatzen
spr	Pf	pl
fl	St	kr
r	Gr	schm

Statt zz
schreibt man tz.

4 Schreibe die Reimwörter auf.
Markiere den kurzen Selbstlaut vor tz
mit einem Punkt.

sitzen
.
...

Der Dachdecker

Auf dem Dachbalken hockt der Dachdecker.

Er deckt das Dach mit roten Dachziegeln.

Er reckt sich und streckt sich.

Er bückt sich und packt nach den Ziegeln.

Er ist schwindelfrei. Sogar sein Frühstück

schmeckt ihm in der luftigen Höhe.

1 Lies den Text über den Dachdecker.
Schreibe alle Wörter mit ck auf und unterstreiche ck.

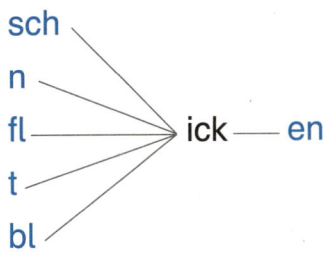

sch
n
fl —— ick — en
t
bl

b
R
Gl
L —— ück — en
M
dr

2 Bilde Wörter. Markiere die kurzen Selbstlaute vor dem ck
mit einem Punkt.

Glo☐e · wa☐eln · we☐en · La☐en · Blo☐
kni☐en · qua☐en · E☐e

Statt kk
schreibt man ck.

3 Schreibe die Wörter vollständig auf.
Zwei Wörter haben einen langen Selbstlaut
und werden nur mit k geschrieben.

Rechtschreibtraining

Drei Dachdecker machen Pause. Zwei schwatzen und essen jetzt leckere Schnitzel. Aber einer schaut verdutzt auf seine Mütze. Sie ist bekleckert. Was ist das für ein Fleck? Taubendreck.

Wörter mit ck

a) Gartengerät

b) Hunderasse

c) Kleidungsstück

d) Teil des Kochtopfs

e) kleines Tier mit Fühlern

f) führt über den Fluss

g) Uhr

h) Gehhilfe

1 Schreibe die Rätsellösungen auf. Markiere den kurzen Selbstlaut vor ck mit einem Punkt:

A: Hacke, B: ...

Wörter mit tz

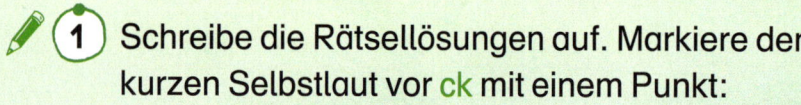

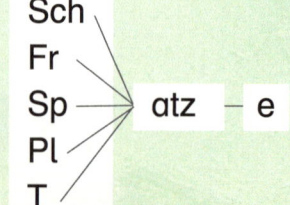

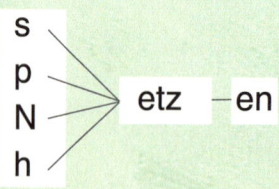

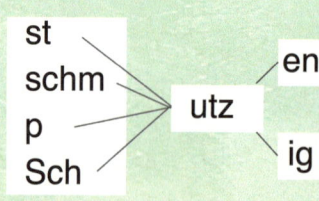

2 Bilde Wörter. Die Endbuchstaben musst du nicht immer benutzen. Markiere den kurzen Selbstlaut vor tz mit einem Punkt.

Adjektive: Vergleichsstufen

hell · jung · weich · klein · dick · teuer

1 Finde die Vergleichsstufen dieser Adjektive:
hell, heller, am hellsten
jung, ...

Mann · Pferd · Elefant   Flugzeug · Fahrrad · Auto

2 Vergleiche mit den Adjektiven stark und schnell.
Schreibe Sätze.

Wortfamilien

Spielplatz · Hörspiel · Sportschau · Tierschau
verspielen · anschauen · spielerisch · Vorschau
gespielt · Schauspieler · Mitspieler · geschaut
Schaufenster · Zuschauer · Spielzeug
zuschauen · Spielregel · umschauen

3 Ordne die beiden Wortfamilien in eine Tabelle ein.
Unterstreiche in jedem Wort den Wortstamm spiel oder schau:

Wortstamm spiel	Wortstamm schau
Spielplatz	...
...	...

Unterwegs

Tafiti und die Reise ans Ende der Welt

Tafiti, das kleine Erdmännchen, möchte zu gerne wissen, was hinter dem hohen Hügel ist. Das ist viel zu gefährlich, warnt ihn sein Bruder Tutu.

Statt mit seinen Freunden herumzutollen, sitzt Tafiti
5 am nächsten Tag im Schatten der großen Akazie.
Gedankenverloren lässt er roten Sand
durch die Pfoten rinnen.
„Soll ich nicht einfach doch losziehen?", überlegt er.
„Selbst wenn es stimmt, dass die Welt
10 hinter dem Hügel zu Ende ist –
wie sieht dieses Ende wohl aus?"
Tafiti seufzt. Wenn bloß die Gefahren nicht wären:
die Gefahr aus der Luft, die Gefahren an Land
und die des reißenden Wassers …
15 Aber wenn Ur-ur-ur-ur-ur-uropa
den Gefahren getrotzt hat,
warum sollte er es dann nicht auch schaffen?
Tafiti springt auf.
Es geht gar nicht anders:
20 Er muss es zumindest versuchen.

Julia Boehme

Welche Gefahren
gibt es für Tafiti?

Millie auf Kreta

Die Leute, die ins Flugzeug einsteigen,
heißen Passagiere.
Das ist ein schwieriges Wort.
Millie ist nun also ein Passagier.
5 Die Stewardessen warten schon auf sie.
Stewardessen ist ebenfalls
ein vertracktes Wort.
Stewardessen müssen nett sein.
Sie lächeln den ganzen Flug über.
10 Millie darf am Fenster sitzen.
Sie schnallt sich sofort an.
Das muss man. Wie im Auto.
Sie kann sich schon alleine anschnallen,
das hat sie ja schon jahrelang geübt.
15 Dann warten sie auf den Abflug.
Das Schlimmste im Leben ist warten müssen.
Millie muss jetzt aber wirklich dringend
auf die Toilette. Sie flüstert es Mama,
die neben ihr sitzt, ins Ohr.
20 Mama flüstert zurück:
„Warte noch ein Weilchen.
Wenn wir gestartet sind,
kannst du auf die Toilette gehen."
Ist es vorher verboten?
25 Wahrscheinlich ja.
Was soll Millie tun?

Dagmar Chidolue

Was tust du, wenn du warten musst?

Sommerzeit – Ferienzeit

Text und Melodie: Wolfgang Spode

1.–2. Fe - ri-en, Fe - ri-en, nichts zu tun! Lang hab ich mich
Fe - ri-en, um mal aus - zu-ruh'n!

drauf ge - freut – Fe - ri - en gibt es heut!

1. Frei bin ich und so ver - gnügt, Ich mag Som - mer,
weil es Som - mer - fe - ri - en gibt.

Son - ne, Sand, ein Son - nen - bad am Strand.

2. Reisen um die halbe Welt,
einfach tun, was mir gefällt.
Wandern, radeln, Spiel und Spaß
und faulenzen im Gras.

Pack den Koffer 1, 2, 3, diese Sachen sind dabei: …

1 Lest das Lied.

2 Was könnt ihr in euren Koffer packen? Spielt im Kreis.
Erstes Kind: *Ich packe in meinen Koffer Sandalen.*
Zweites Kind: *Ich packe in meinen Koffer Sandalen und Sonnencreme.*
Drittes Kind: … Merkt euch so viele Gegenstände, wie ihr könnt.

Am Bahnhof

Diese Anzeigetafel zeigt an, wann und wohin die Züge fahren.

Abfahrt Departure / Départ			
Zeit Time/Temps	Über Via	Ziel Destination	Gleis Platform/Voie
16:23 RB 29365	Westfalenhalle⊙ - DO-Hörde	**Schwerte**	**3**
16:24 RE 29112	Bochum - Essen - Duisburg	**Düsseldorf**	**18**
16:24 IC 2112	Münster - Osnabrück - Bremen - Ha	**Hamburg-Altona**	**8** min. Verspätung ca
16:27 S 2	DO-Mengede - Herne - Gelsenkirchen	**Duisburg**	**6**
16:28 IC 2045	Hamm - Bielefeld - Minden - Hannove	**Leipzig**	**11**
16:32 RB 29193	Westfalenhalle⊙ - Holzwickede✈ -	**Soest**	**4**
16:32 RB 20926	DO-Rahm - Castrop-R. Süd - Wanne-Ei	**Dorsten**	**23**
16:34 S 1	DO-Dorstfeld Süd/DASA - Bochum - E	**Düsseldorf**	**7**
16:35 RB 39028	DO-Derne - Lünen - Werne	**Münster**	**21** aus Zug fällt aus Zu
16:36 RB 29285	Westfalenhalle⊙ - DO Tierpark - He	**Lüdenscheid**	**3**
16:36 ICE 927	Wuppertal - Köln - Mainz - Würzburg	**Nürnberg**	**11** min. Verspätung ca
16:38 ICE 613	Essen - Köln - Frankfurt Flugh.✈ - S	**München**	**16**

1 Schau dir die Anzeigetafel genau an.

✏ **2** Beantworte die Fragen:
   a) Von welchem Gleis fährt der Zug nach Soest?
   b) Wie viele Züge fahren nach Düsseldorf?
   c) Ein Zug fährt über* Wuppertal nach Nürnberg. Wo hält er noch?
   d) Um 16:27 Uhr fährt ein Zug von Gleis 6 ab. Welches Ziel hat er?
   e) Wie viele Züge halten an der Westfalenhalle?

✏ 🐾 Lenas Opa verpasst den ersten Zug nach Düsseldorf.
Wie lange muss er auf den nächsten warten?

*„Ein Zug fährt über" bedeutet:
   Er hält unterwegs an diesen anderen Bahnhöfen.

Lotte in New York

Lotte fährt mit ihrer Mutter nach New York.

Das ist eine große Stadt in Amerika.

Dort wohnt ihre Patentante Ella. Lotte packt alles ein,

was sie braucht: ihr Prinzessinnenkleid, ihre Krone,

5 Buntstifte und natürlich Erich, ihr Schlafschaf.

Ohne Erich kann Lotte nicht schlafen.

Ohne Erich geht Lotte nie ins Bett.

Lotte hat Erich, seit sie ein Baby ist.

Mit dem Flugzeug fliegen sie nach New York.

10 Die Taxis sind hier gelb, und das Geld ist grün.

„Schau doch mal", sagt Lottes Mutter, „die Wolkenkratzer

sehen wirklich so aus, als würden sie an den Wolken kratzen."

Tante Ella wohnt in einer klitzekleinen Wohnung und deshalb

übernachten Lotte, ihre Mutter und Erich in einem Hotel.

15 Vor dem Hotel steht ein Mann in einer blauen Uniform.

Er heißt Paco und sagt zu Lotte: „Cool T-Shirt!" Das ist Englisch.

Paco hat Kaugummis in der Tasche. Lotte bekommt einen Kaugummi.

Lottes Mutter findet Kaugummi blöd.

Lotte nicht.

Doris Dörrie

1 Lies die Geschichte.

2 Was nimmt Lotte mit? Schreibe es auf.
Oder: Schreibe auf, was du nach New York mitnehmen würdest.

3 Was sagt Paco zu Lotte? Schreibe es auf und schreibe dazu,
wie du das auf Deutsch sagen kannst.

20 Am nächsten Morgen wird Lotte früh wach.

Ihre Mutter schläft noch.

Lotte hat Hunger.

Hier muss es doch

etwas zu essen geben!

25 Da findet Lotte eine Speisekarte.

Aber da steht ja alles
auf Englisch!

breakfast

bread
toast
butter
fried eggs
ham
cheese
cornflakes
fruit salad
coffee
milk

1 Lies den Text.

2 Versucht die Speisekarte zu lesen.
Überlegt, welche Speisen und Getränke gemeint sind?

3 Welche Wörter sind den deutschen Wörtern sehr ähnlich?
Welche Wörter benutzen wir genauso?

4 Schreibe auf Deutsch auf, was Lotte bestellen kann.

Erstellt ein Plakat mit Speisen und Getränken in verschiedenen
Sprachen.

Ich träume mir ein Land

Ich träume mir ein Land,
da wachsen tausend Bäume,
da gibt es Blumen, Wiesen, Sand
und keine engen Räume.
Und Nachbarn gibt's, die freundlich sind,
und alle haben Kinder,
genauso wild wie du und ich,
nicht mehr und auch nicht minder.

Erika Krause-Gebauer

1 Lies das Gedicht.

2 Übe, gut vorzulesen.

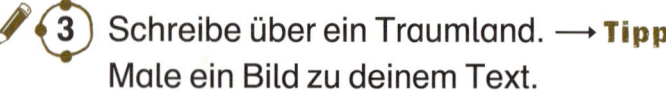

Ich träume mir ein Land ...
Da ist der Strand sauber.
Da gibt es überall ...

...

3 Schreibe über ein Traumland. → **Tipp**
Male ein Bild zu deinem Text.

Macht eine Ausstellung mit
euren Texten.

> **Tipp**
> • Wie sieht es dort aus?
> • Wer lebt dort?
> • Was ist dort anders?

Ein Ausflug zum Zoo

Ich war am Samstag auf Tims Geburtstagsfeier.

Lena, Karl, Ömer, Fatma und Marie waren auch da.

Wir waren alle mit Tims Mama im Zoo.

Zuerst waren wir bei den Affen.

Einer wollte immer Tims Brille klauen.

Dann haben wir mit einer Frau ein ganz tolles Spiel gemacht.

Das war eine Zoo-Rallye. Wir mussten immer die Schilder lesen
und ganz viel selbst herausfinden.

Das hat Spaß gemacht.

Danach waren wir noch auf dem Spielplatz.

Wenn ich Geburtstag habe, will ich auch in den Zoo.

Jonas

1 Lies die Geschichte von Jonas.

2 Schreibe auch eine Geschichte
über einen Ausflug, den du
gemacht hast. → **Tipp**

🐾 Male ein Bild zu deinem Text.

Tipp

- Wo warst du?
- Mit wem hast du den Ausflug gemacht?
- Was ist Besonderes passiert?

Franziskas erste Bahnfahrt

Ist das aufregend! Franziska steht mit ihrer Mutter vor der großen
Anzeigetafel im Bahnhof. Sie wollen Oma besuchen. Und Franziska
ist noch nie mit dem Zug gefahren.
Die Fahrkarten haben sie gestern schon gekauft.

5 „Wir haben noch eine Viertelstunde Zeit, Franzi. Der Zug
hat Verspätung", ärgert sich Mutter.
„Super!", ruft Franziska. „Dann kann ich mir alles anschauen. Kaufst du
mir noch eine neue Zeitung? Und schau mal, da gibt es Laugenbrezeln,
davon möchte ich eine haben. Die sind so schön salzig. Und da hinten,

10 da gibt es auch frischen Saft und ganz tolle Süßigkeiten. Komm!"
„Halt, halt!", ruft Mutter. „Wenn wir da überall noch hingehen, werden wir
unseren Zug verpassen. Du musst dich schon entscheiden!"

1 Lies den Text. Was möchte Franziska alles kaufen?

2 Lege eine Tabelle an und finde im Text zu jeder Wortart noch
mindestens fünf Wörter:

Nomen	Verben	Adjektive
Franziska	steht	aufregend
...	...	

3 Suche in der Wörterliste zu jeder Wortart mindestens
fünf weitere Wörter.

Was würdest du in der Wartezeit auf dem Bahnhof alles machen?

Auf dem Bahnhof

Wo gibt es Fahrkarten

Vorsicht an der Bahnsteigkante

Jonas fährt zu seiner Tante

Wann fährt der Zug nach Berlin ab

Oma, Oma, komm schnell, unser Zug

Die Fahrscheine, bitte

Ich möchte mir eine Zeitung kaufen

Da vorne ist das Gleis acht

1 Schreibe die Sätze auf. Setze die Zeichen am Satzende: . ! oder ?

🐾 Finde selbst eine Frage, einen Aussagesatz und einen Ausruf.
Schreibe sie auf.

heute will Oma mit Jonas einen Ausflug machen

in der großen Bahnhofshalle ist viel los viele

Menschen laufen aufgeregt herum alle reden

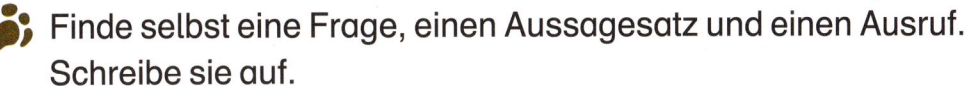

und rufen durcheinander hat der Zug Verspätung

2 Lies den Text.

3 Schreibe den Text auf. Setze dabei die richtigen Satzzeichen.
Schreibe die Satzanfänge groß.

Auf der Seidenstraße

Eine große Karawane zieht
die Straße entlang.
Die Dromedare sind schwer
beladen. Sie tragen Kisten
5 und Säcke auf ihren Rücken.
Männer in weißen Kleidern
und dunklen Gewändern laufen
neben den Tieren her. Oft ist
es heiß und der Schweiß läuft
10 den Männern über das Gesicht.

So war es vor 2000 Jahren auf der Seidenstraße. Dort zogen
regelmäßig die großen Karawanen von Europa nach China
und zurück. Sie transportierten alles, was die Menschen brauchten.

1 Lies den Text.
Warum heißt die Seidenstraße wohl Seidenstraße?

2 Schreibe alle Wörter mit ß auf und markiere das ß:
Seidenstra<u>ß</u>e, …

hei		
bei	ßen	
gie		
schie		

Schwei		
Gru	ß	
Flo		
gro		

3 Finde die Wörter und schreibe sie auf.
Markiere in allen Wörtern das ß:
hei<u>ß</u>en, bei<u>ß</u>en, …

Was man in den Ferien machen kann!

Freunde treffen   Kuchen backen

Bücher lesen

Löcher graben

den Zoo besuchen   fremde Sprachen sprechen

endlich ausschlafen   ein Eis essen

sechs Wochen ausruhen

nach China fahren

Eichhörnchen beobachten

im Bach baden   und ganz viel lachen

1 Lies den Text.

2 Suche alle Wörter mit ch. Schreibe sie auf. Markiere alle ch.

3 Sprich die Wörter.
Hörst du ein ch wie bei  oder ein ch wie bei ?
Ordne diese Wörter in eine Tabelle.
Welches Wort passt in keine Spalte?

ch wie 	ch wie
Bücher	Kuchen

suchen • stechen • kochen • wichtig • acht • leicht
der Krach • mich • das Tuch • die Geschichte • frech
wach • sprechen • richtig • die Milch • die Küche

4 Ordne auch diese Wörter in die Tabelle ein.

 Finde Wörter mit chs.

Rechtschreibtraining

Fatma und Lena besuchen den Zoo. Zuerst bleiben sie bei den Straußen stehen. Lena lacht über die großen Vögel. Schau dir nur die großen Füße an! Danach gehen sie zu den Pinguinen. Ob denen auch so heiß ist?

Wörter mit ß

fleißig · Fuß
Straße · heiß · grüßen
Floß · fließen

dreißig · gießen
Gruß · büßen · Maße
weiß · Stoß

Übungswörter

besuchen
der Strauß
sie lacht
lachen
groß
die Füße
der Fuß
danach
auch
heiß

1 Finde die Reimwörter und schreibe sie auf:
fleißig – dreißig, …

Wörter mit ch

a) Das Gegenteil von Tag: …

b) Der oberste Teil des Hauses: …

c) Das Gegenteil von weinen: …

d) Das tun Mücken: …

e) Die Zahl nach der sieben: …

f) Das kann man backen: …

2 Lies die Sätze und löse das Rätsel.

3 Schreibe die Lösung auf:
a) die Nacht

…

Wortarten

Auto • fahren • schwimmen • alt • Sommer • Ferien
hell • lang • spielen • Schiff • heiß • schlafen • fliegen
groß • Sonne • Flugzeug • dick • brennen • Buch

1 Lies die Wörter im Kasten.

2 Lege eine Tabelle an. Sortiere die Wörter in die Tabelle.

Nomen	Verben	Adjektive
Auto	fahren	alt

3 Bilde Sätze. Verwende aus jeder Spalte mindestens ein Wort.
Wir fahren mit unserem alten Auto in die Ferien.

Satzanfänge und Satzzeichen

heute ist es sehr heiß in der Ferne hört man ein dumpfes
Grollen ob es wohl ein Gewitter gibt plötzlich wird es ganz
dunkel da zuckt ein Blitz über den Himmel

4 Lies den Text. Überlege, wann ein Satz zu Ende ist.

5 Schreibe den Text richtig auf. Setze die Satzzeichen.
Schreibe alle Satzanfänge groß. Insgesamt sind es fünf Sätze.

Draußen weht es bitterkalt,
wer kommt da durch den Winterwald?
Stipp-stapp, stipp-stapp und huckepack
Knecht Ruprecht ist's mit seinem Sack.
Was ist denn in dem Sacke drin?
Äpfel, Mandel und Rosin'
und schöne Zuckerrosen,
auch Pfeffernüss' fürs gute Kind –
die andern, die nicht artig sind,
klopft er auf die Hosen.

Volksgut

A Merry Christmas

Text und Musik: traditionell

1. We wish you a mer - ry Christ - mas, we
   Wir wün - schen euch fro - he Weih - nacht, wir

wish you a mer - ry Christ - mas, we
wün - schen euch fro - he Weih - nacht, wir

wish you a mer - ry Christ - mas and a
wün - schen euch fro - he Weih - nacht und ein

hap - py New Year. 1.–3. Good tid - ings we bring to
glück - li - ches Jahr. Wir brin - gen euch gu - te

you and your kin, we wish you a mer - ry
Nach - richt, ihr Leut, wir wün - schen euch fro - he

Christ - mas and a hap - py New Year.
Weih - nacht und ein glück - li - ches Jahr.

2. Now give us some Christmaspudding *(3-mal)*. Now thank you, goodbye.

   Nun gebt uns vom Weihnachtskuchen *(3-mal)*. Wir danken dafür.

3. Wie die erste Strophe.

Hasenfärberei

Es färbten vier Hasen zur Osterfeier
wie jedes Jahr brav Ostereier.
Zunächst beginnt man recht geschwind.
Doch als sechs Eier fertig sind,
da macht der erste sich den Spaß
und taucht ein Ohr ins Farbenglas.

„Wie siehst du aus!", die anderen schrein.
„Ein rotes Ohr! Du bist ein Schwein!"
Was unseren Hasen wenig stört.
Im Gegenteil, was tut er – hört:
Er streicht mit roter Farbe auch
sich seinen weichen Hasenbauch.

Und nun auf einmal sind die drei
gleichfalls für Hasenfärberei.
Der zweite fasst ein Herz sich schnell,
bedeckt mit Schwarz sein ganzes Fell.
Der dritte Hase wird schön bunt,
er tupft Orange auf gelben Grund.

Der vierte malt sich blaue Streifen
und dreht die Ohren keck zu Schleifen.
Er singt ein Lied aus vollem Hals.
Die anderen singen ebenfalls
und tanzen stundenlang im Kreis.
Die meisten Eier bleiben weiß!

Joachim Urbanek

Das große Quiz

In der Schule

Wen bringt Inga mit in die Schule?

T einen Elefanten Ö eine Katze D ein Meerschweinchen

Wie heißt die Mehrzahl von „Buch"?

A Buche S Buchen O Bücher

Auf der Straße

Wo wird Jakob von einem großen Jungen geärgert?

A in der Schule L am Stefansberg O im Stadtpark

Welche Wörter können Artikel haben?

M Verben V Adjektive L Nomen

Im Herbst

Wer möchte seine dunkle Lieblingsjacke anziehen?

S Jonas G Tim X Fatma

„Warum ziehst du so an der Leine, Leo …" Dieser Satz ist

V eine Aussage. E eine Frage. D ein Ausruf.

Zu Hause

Was hat Jule zum Essen aufgesetzt?

Z Simons Kappe A Papas Mütze M Mamas Hut

Welches Wort ist ein Verb?

C kalt A schlafen L Tisch

Gestern – heute – morgen

Wie heißt der Monat vor dem Dezember?

H Oktober C November I September

Welches Nomen enthält einen langen Selbstlaut?

K Nacht O Wald H Tag

Hokuspokus

Wo mixt die Hexe ihre Hexenöle?

P Erdhöhle S Eishöhle T Felsenhöhle

Der Gegensatz von heiß ist

D kalt. G nass. N weich.

Mein Körper

Der farbige Kreis im Auge heißt

B Wimper.　　　A Iris.　　　X Augenlid.

Wie sind die Wörter in der Wörterliste sortiert?

L nach Wortarten　　　S nach dem ABC　　　K nach Wortlänge

Im Frühling

Die Blüte welcher Blume sieht aus wie ein kleiner Becher?

Ü Veilchen　　　R Tulpe　　　W Krokus

Welches Wort ist eine Vergleichsstufe?

P kurz　　　A länger　　　R heiß

Am Wasser

Salzwasser gibt es

M in Bächen.　　　B in Seen.　　　R im Meer.

„Hafenmeisterbürostuhlkissen" besteht aus

T fünf Nomen.　　　S drei Nomen.　　　K sechs Nomen.

Auf der Baustelle

Woraus wird das Fundament eines Hauses gegossen?

O aus Holz　　　K aus Kies　　　I aus Beton

Welches Wort gehört zur Familie „bauen"?

S Kran　　　N Baustelle　　　O Gerüst

Unterwegs

Wen besucht Lotte?

Ü Onkel Erich　　　B Tante Lilli　　　T Tante Ella

Welches Wort ist ein Adjektiv?

I Süßigkeit　　　O süß　　　P versüßen

1　Schreibe die Lösungsbuchstaben nacheinander auf.
　Sie ergeben einen Lösungssatz.

Wörterliste

Aa

das **Abenteuer,** die Abenteuer
acht
der **Affe,** die Affen
alt
die **Ampel,** die Ampeln
der **Apfel,** die Äpfel
der **April**
das **Aquarium,** die Aquarien
der **Arzt,** die Ärzte
die **Ärztin,** die Ärztinnen
auch
auf
das **Auge,** die Augen
der **August**
das **Auto,** die Autos

Bb

die **Banane,** die Bananen
der **Bauch,** die Bäuche
das **Bein,** die Beine
der **Berg,** die Berge
besser
besuchen, sie besucht
bis
blöd
die **Blume,** die Blumen
böse
brauchen, er braucht
brausen, es braust

die **Brille,** die Brillen
bringen, sie bringt
das **Buch,** die Bücher
der **Bügel,** die Bügel
die **Burg,** die Burgen

Cc

der **Cent,** die Cent
der **Computer,** die Computer

Dd

das **Dach,** die Dächer
der **Dachdecker,** die Dachdecker
der **Dackel,** die Dackel
dann
decken, er deckt
deshalb
Deutschland
der **Dezember**
der **Dienstag,** die Dienstage
der **Dinosaurier,** die Dinosaurier
der **Donnerstag,** die Donnerstage
der **Dorfbach,** die Dorfbäche
dort
der **Drachen,** die Drachen
der **Dreck**
drei
dunkel
dürfen, sie darf

Ee

      eckig
der **Eimer,** die Eimer
      einmal
      eins
der **Eisbär,** die Eisbären
      eklig
der **Ellbogen,** die Ellbogen
      eng
die **Erde**
      euch
      Europa

Ff

      falsch
      färben, sie färbt
der **Februar**
die **Feder,** die Federn
die **Ferien**
der **Fernseher,** die Fernseher
das **Feuer,** die Feuer
der **Finger,** die Finger
      fix
der **Fleck,** die Flecken
das **Flugzeug,** die Flugzeuge
der **Freitag,** die Freitage
      freuen, er freut sich
der **Freund,** die Freunde
      früh
      fünf
der **Fuß,** die Füße

Gg

der **Garten,** die Gärten
      geben, er gibt
der **Geburtstag,** die Geburtstage
das **Geld,** die Gelder
das **Geschenk,** die Geschenke
das **Glas,** die Gläser
      groß
      grün
der **Gruß,** die Grüße

Hh

das **Haar,** die Haare
      haben, sie hat
der **Hahn,** die Hähne
      halb
der **Hals,** die Hälse
das **Heft,** die Hefte
      heißen, er heißt
      hell
das **Hemd,** die Hemden
      hervor
die **Hexe,** die Hexen
      hexen, sie hext
      hier
der **Himmel,** die Himmel
      hinter
das **Huhn,** die Hühner
der **Hund,** die Hunde

Ii

der	**Igel,** die Igel
	ihm
	ihn
	ihr
	immer
	in

Jj

die	**Jacke,** die Jacken
der	**Januar**
	jetzt
der	**Juli**
der	**Juni**

Kk

das	**Kalb,** die Kälber
	kalt
die	**Kette,** die Ketten
das	**Kind,** die Kinder
die	**Klasse,** die Klassen
	kleckern, es kleckert
das	**Kleid,** die Kleider
das	**Knie,** die Knie
der	**Knopf,** die Knöpfe
	kommen, es kommt
	können, sie kann
der	**Kopf,** die Köpfe
das	**Kreuz,** die Kreuze
das	**Krokodil,** die Krokodile
der	**Kummer**

Ll

	lächeln, es lächelt
	lachen, er lacht
das	**Land,** die Länder
	langsam
der	**Laubfrosch,** die Laubfrösche
	laufen, sie läuft
	lecker
der	**Lehrer,** die Lehrer
die	**Leiter,** die Leitern
	leuchten, es leuchtet
die	**Leute**
	lieb
	liegen, sie liegt

Mm

der	**Mai**
der	**März**
die	**Mauer,** die Mauern
	mehr
	merken, er merkt
der	**Mittwoch,** die Mittwoche
	mögen, sie mag
der	**Montag,** die Montage
	müssen, es muss
	mutig
die	**Mutter,** die Mütter
die	**Mütze,** die Mützen

Nn

nach
neu
neun
die Note, die Noten
der November

Oo

das Ohr, die Ohren
der Oktober
der Ort, die Orte

Pp

pfeifen, er pfeift
das Pferd, die Pferde
die Pflaume, die Pflaumen
die Pfütze, die Pfützen
der Pinguin, die Pinguine
der Pullover, die Pullover

Qu qu

quaken, sie quakt
die Qual, die Qualen
qualmen, es qualmt
quellen, es quillt
das Quellwasser
quer
quetschen, sie quetscht

Rr

das Rad, die Räder
der Rahmen, die Rahmen
das Regal, die Regale
regnen, es regnet
der Reifen, die Reifen
richtig
der Roller, die Roller
der Rücken, die Rücken
rund

Ss

sagen, sie sagt
der Samstag, die Samstage
das Scharnier, die Scharniere
schauen, er schaut
scheu
schimpfen, sie schimpft
die Schlange, die Schlangen
schlau
schlechter
schmerzen, es schmerzt
der Schnabel, die Schnäbel
das Schnitzel, die Schnitzel
schreiben, er schreibt
die Schule, die Schulen
schwach
schwatzen, er schwatzt
schwimmen, es schwimmt
sechs
sehen
der September
sie

	sieben	der	**Strumpf,** die Strümpfe
	singen, sie singt	der	**Sturm,** die Stürme
	sollen, er soll		
die	**Sonne,** die Sonnen		**Tt**
der	**Sonntag,** die Sonntags		
die	**Spagetti**	die	**Tafel,** die Tafeln
die	**Spange,** die Spangen	die	**Tasche,** die Taschen
der	**Spargel,** die Spargel	der	**Taubendreck**
das	**Sparschwein,** die Sparschweine	das	**Tier,** die Tiere
			toll
der	**Spaß,** die Späße	der	**Topf,** die Töpfe
	spät	die	**Torte,** die Torten
der	**Spaten,** die Spaten	der	**Tropfen,** die Tropfen
der	**Spiegel,** die Spiegel		
das	**Spiel,** die Spiele		**Uu**
die	**Spinne,** die Spinnen		
der	**Sport**		**über**
	springen, es springt		**überlegen,** sie überlegt
der	**Stab,** die Stäbe	das	**Ufer,** die Ufer
	stark		**um**
	starten, es startet	der	**Umschlag,** die Umschläge
	staunen, er staunt		**unter**
der	**Steg,** die Stege		
	steigen, er steigt		**Vv**
der	**Stein,** die Steine		
die	**Stelze,** die Stelzen	der	**Vater,** die Väter
der	**Stempel,** die Stempel	das	**Veilchen,** die Veilchen
das	**Steuer,** die Steuer		**verdutzt**
der	**Stiefel,** die Stiefel		**viele**
der	**Stift,** die Stifte		**vier**
	stillen, sie stillt	der	**Vogel,** die Vögel
der	**Storch,** die Störche		**von**
der	**Strauß,** die Sträuße		**vor**

W w

der **Wagen,** die Wagen

warm

weit

wenige

wieder

wir

die **Woche,** die Wochen

wollen, er will

das **Wort,** die Wörter

Z z

die **Zahl,** die Zahlen

zaubern, sie zaubert

der **Zeh,** die Zehen

zehn

das **Zeugnis,** die Zeugnisse

der **Zoowärter,** die Zoowärter

der **Zopf,** die Zöpfe

der **Zug,** die Züge

zwei

der **Zweig,** die Zweige

Inhaltsverzeichnis

In der Schule 4

In der 2. Klasse 6

Die Neue 7

Im Gesprächskreis 8

Ich 9

Im Schulgarten 10

In der Schultasche 11

Klassentiere 12

Schulkinder 13

Richtig abschreiben 14

Unsere Klassenbücherei 15

Geübt und gekonnt 16

Auf der Straße 18

Auf dem Heimweg 20

Kennst du dich
auf der Straße aus? 21

Aufgepasst! 22

Mein Schulweg 23

An der Straßenecke 24

Viel Verkehr 25

Für Autoexperten 26

An der Kreuzung 27

Geübt und gekonnt 28

Im Herbst 30

Ich denke nicht daran, mir einen
Schirm zu kaufen 32

Zugvögel 33

Tims Jacke 34

Eine Drachengeschichte 35

Stachelige Igel 36

Ein Igel im Park 37

Ein Tier aus Eicheln 38

Regenwetter 39

Geübt und gekonnt 40

Zu Hause 42

Wo bleibt Jule? 44

So winzig? 45

Was machst du heute
Nachmittag? 46

Ich möchte keine Geschwister ... 47

Familienwitze 48

Liebe Susi! 49

Wer tut was? 50

Vor dem Essen 51

Nachdenkwörter 52

Chaos im Kinderzimmer 53

Geübt und gekonnt 54

Gestern – heute – morgen 56

Winter und Sommer 58

Monatsrätsel............................. 59

Früher 60

Forscherfragen 61

Geburtstagswünsche 62

Die Einladung 63

Jahreszeiten 64

Das verspreche ich 65

Tag und Nacht 66

Sommer und Winter 67

Geübt und gekonnt 68

Hokuspokus 70

In der alten Felsenhöhle 72

Gespensterfenster.................... 73

Lubrimor reist ans Ende
der Welt 74

Magische Bücher...................... 76

Verrückte Welt 77

Geschichten aus der
Zauberschule 78

Geheimnisvolle Zauberformel ... 79

Bunte Kostüme 80

Der Zauberer Zantopero 81

Hexentaxi 82

Hexenhaare färben................... 83

Geübt und gekonnt 84

Mein Körper 86

Allein zum Supermarkt 88

Mia und Mia 89

Haare waschen......................... 90

Im Ärztehaus 91

Die Augen.............................. 92

Von Wackelzähnen und

Bauchschmerzen 93

Versuche mit unseren Augen 94

Richtig Zähne putzen................ 95

Beim Zahnarzt 96

Viele Körperteile..................... 97

Augen auf! 98

Ein Bienenstich!....................... 99

Geübt gekonnt 100

Im Frühling................ 102

Das erste Eis 104

Die Amsel 105

Singt ein Vogel 106

Frühlingsblumen 107

Frühlingsquark 108

Frühlingsrap 109

Vögel in unserem Garten........ 110

Sachtexte überarbeiten 111

Es wird wärmer –

es wird Frühling 112

Tiere im Frühling..................... 113

Fatmas Feuerbohne 114

Veilchen im Garten 115

Geübt und gekonnt 116

Am Wasser............... 118

Seegedicht mit einer Lüge 120

Sam findet einen Wal.............. 121

Käpten Knitterbart

und seine Bande..................... 122

Bücher und Medien................. 124

Sauberes Wasser 125

Alles Wasser 126

Wasser-Elfchen...................... 127

Überall Wasser! 128

Hafenmeister oder

Bademeister? 129

Quallen.................................. 130

Im Hafen ist viel los................ 131

Geübt und gekonnt 132

Auf der Baustelle...... 134

Ein Haus wird gebaut.............. 136

Häuser, Häuser 138

Auf dem Bauspielplatz............ 139

Der Kranführer....................... 140

Der Hausbaum 141

Auf dem Bau 142

Ein Neubau........................... 143

Die Malerin 144

Der Dachdecker..................... 145

Geübt und gekonnt 146

Unterwegs 148

Tafiti und die Reise ans

Ende der Welt 150

Millie auf Kreta...................... 151

Sommerzeit – Ferienzeit.......... 152

Am Bahnhof.......................... 153

Lotte in New York................... 154

Ich träume mir ein Land 156

Ein Ausflug zum Zoo............... 157

Franziskas erste Bahnfahrt 158

Auf dem Bahnhof 159

Auf der Seidenstraße.............. 160

Was man in den Ferien

machen kann!........................ 161

Geübt und gekonnt 162

Feste im Jahr 164

Knecht Ruprecht..................... 166

A Merry Christmas 167

Hasenfärberei........................ 168

Das große Quiz....................... 170

Wörterliste 172

Inhaltsverzeichnis 178

Lerninhalte 182

Lerninhalte

Kapitel	Lesen	Sprechen
In der Schule	• Bilder ansehen und Texte lesen: S. 6 • Fragen zum Text beantworten: S. 7	• Klassenregeln entwickeln: S. 8
Auf der Straße	• Dialogische Texte lesen: S. 20 • Richtige und falsche Aussagen erkennen: S. 21	• Auf Stimme und Gesichtsausdruck achten: S. 22
Im Herbst	• Ein Gedicht lesen und vortragen: S. 32 • Fragen zu Sachtexten beantworten: S. 33	• Meinungen äußern und diskutieren: S. 34
Zu Hause	• Unterschiedliche Texte lesen: einen Erzähltext: S. 44, 45 • Unterschiedliche Medien nutzen: S. 46	• Redemittel eines Streitgesprächs reflektieren: S. 47 • Witze erzählen: S. 48
Gestern – heute – morgen	• Texte lesen: einen Rap: S. 58 • Texte lesen: ein Gedicht: S. 59 • Richtige Aussagen zum Text erkennen: S. 60 • Informationen in Medien suchen: S. 61	• Unterschiedliche Sprachen: S. 62
Hokuspokus	• Unterschiedliche Texte lesen: ein Gedicht: S. 72 • Unterschiedliche Texte lesen: einen Erzähltext: S. 73 • Wörtliche Rede richtig zuordnen: S. 74 • Über Bücher und Leseeindrücke sprechen: S. 76	• Sprachliche Mittel vergleichen: S. 77
Mein Körper	• Unterschiedliche Texte lesen: einen Erzähltext: S. 88, 89 • Einen Text ordnen: S. 90 • Anzeigetafel und Plakate lesen: S. 91 • Fachbegriffe verstehen: S. 92	• Erlebtes erzählen: S. 93
Im Frühling	• Unterschiedliche Texte lesen: einen Erzähltext: S. 104 • Unterschiedliche Texte lesen: einen Sachtext: S. 105 • Textmuster erfassen und anwenden: S. 106 • Bilder und Sachtexte zuordnen: S. 107	• Ein Rezept umsetzen: S. 108 • Deutlich sprechen: S. 109
Am Wasser	• Unterschiedliche Texte lesen: ein Gedicht: S. 120 • Unterschiedliche Texte lesen: einen Erzähltext: S. 121 • Kinderliteratur kennen lernen: S. 122	• Bücher und Medien, Lesekiste: S. 124 • Argumente sammeln: S. 125
Auf der Baustelle	• Leseerwartungen formulieren: S. 136 • Bilder zum Textverständnis nutzen: S. 137 • Genau lesen: Fragen zu Sachtexten beantworten: S. 138	• Situationsangemessen sprechen: S. 139
Unterwegs	• Unterschiedliche Texte lesen: einen Erzähltext: S. 150, 151 • Ein Lied lesen und singen: S. 152 • Einen Fahrplan lesen: S. 153	• Richtige Aussagen erkennen: S. 154 • In anderen Sprachen sprechen: S. 155
Feste im Jahr	• Feste im Jahr: Nikolaus: S. 166 • Feste im Jahr: Weihnachten: S. 167 • Feste im Jahr: Ostern: S. 168	

Texte verfassen	Sprache untersuchen	Rechtschreiben
• Text nach einem Beispiel schreiben: S. 9	• Nomen: S. 10 • Einzahl und Mehrzahl: S. 11	• Nomen großschreiben: S. 12 • Das ABC: S. 13 • Gewusst wie: Abschreiben: S. 14 • Wörter und Sätze abschreiben: S. 15
• Einen Ablauf oder ein Erlebnis beschreiben: S. 23	• Bestimmte Artikel: S. 24 • Großschreibung am Satzanfang: S. 25	• Wörter mit el, en und er: S. 26 • Wörter mit sp, st und sch: S. 27
• Eine Bildergeschichte weiterschreiben: S. 35	• Aussagesätze: S. 36 • Fragen und Aussagesätze: S. 37	• Wörter mit au und ei: S. 38 • Wörter mit Pf und pf: S. 39
• Einen Brief schreiben: S. 49	• Verben: S. 50 • Ausrufesätze: S. 51	• Gewusst wie: Strategien trainieren: S. 52 • d oder t, g oder k, b oder p am Wortende: S. 53
• Eine Einladung schreiben: S. 63	• Bestimmte und unbestimmte Artikel: S. 64 • Verben mit Wortbausteinen: S. 65	• Lange und kurze Selbstlaute: S. 66 • Wörter mit doppelten Mitlauten: S. 67
• Reizwortgeschichte: S. 78 • Nach einem Vorbild schreiben: eine Zauberformel: S. 79	• Adjektive: S. 80 • Gegensatzpaare finden: S. 81	• Wörter mit x: S. 82 • g oder k, b oder p im Verb: S. 83
• Lernergebnisse festhalten: S. 94 • Eine Handlung nach Bildern beschreiben: S. 95	• Verben verändern sich: S. 96 • Wörter nachschlagen: S. 97	• Wörter mit ä und äu: S. 98 • Wörter mit ie und i: S. 99
• Genau beschreiben: S. 110 • Gewusst wie: Sachtexte überarbeiten: S. 111	• Mit Adjektiven vergleichen: S. 112 • Satzglieder: S. 113	• Wörter mit eu: S. 114 • Wörter mit V und v: S. 115
• Schreibideen entwerfen: S. 126 • Ein Gedicht nach einem Muster schreiben: S. 127	• Zusammengesetzte Nomen: S. 128 • Wortfelder: S. 129	• Wörter mit Qu und qu: S. 130 • Wörter trennen: S. 131
• Einen Text nach Anregung schreiben: S. 140 • Eigene Vorstellungen und Wünsche aufschreiben: S. 141	• Adjektive: Vergleichsstufen: S. 142 • Wortfamilien: S. 143	• Wörter mit tz: S. 144 • Wörter mit ck: S. 145
• Einen Fantasietext schreiben: S. 156 • Über ein Erlebnis schreiben: S. 157	• Wortarten erkennen: S. 158 • Satzanfang und Satzzeichen: S. 159	• Wörter mit ß: S. 160 • Wörter mit ch: S. 161

Basisbuch
Sprache · Lesen
2

blau

Von Dr. Rüdiger Urbanek, Linda Anders, Ursula Brinkmann,
Doris Frickemeier, Irmgard Mai, Gabriele Müller

Redaktion:	Gabriela Korup, Elisabeth Wagner
Illustrationen:	Eva Czerwenka, Christian und Fabian Jeremies,
	Tobias Krejtschi, Katrina Lange, Vera Schmidt
Umschlagillustration:	Eva Czerwenka
Gesamtgestaltung und technische Umsetzung:	Heike Börner
Notensatz:	Kontrapunkt Satzstudio, Bautzen

Unter Beratung von:
Nadine Beilfuß (Wermelskirchen), Daniel Berensmann (Dortmund),
Tatjana Gruber (St. Leon-Rot), Martina Kleinschmidt (Arnsberg),
Christa Merker (Bielefeld), Julia Misterek (Bassenheim),
Britta Nutt-Winter (Bochum), Marion Oeynhausen (Bad Driburg),
Karen Schad (Werl), Nina Tholen (Oldenburg),
Anja Vetter (Rülzheim)

www.cornelsen.de

Die Links zu externen Webseiten Dritter, die in diesem Lehrwerk angegeben sind, wurden vor Drucklegung sorgfältig auf ihre Aktualität geprüft. Der Verlag übernimmt keine Gewähr für die Aktualität und den Inhalt dieser Seiten oder solcher, die mit ihnen verlinkt sind.

1. Auflage, 1. Druck 2014

Alle Drucke dieser Auflage sind inhaltlich unverändert
und können im Unterricht nebeneinander verwendet werden.

© 2014 Cornelsen Schulverlage GmbH, Berlin

Druck: Firmengruppe APPL, aprinta Druck, Wemding

ISBN 978-3-06-083008-4

PEFC zertifiziert

Dieses Produkt stammt
aus nachhaltig
bewirtschafteten
Wäldern und
kontrollierten Quellen

PEFC

PEFC/04-32-0928   www.pefc.de

Quellenverzeichnis

Texte, Lieder, Cover, Originalillustrationen

S. 7 Funke, Cornelia: Die Neue. Aus: Das verzauberte Klassenzimmer (Auszug, gekürzt). Loewe Verlag, Bindlach 1997. Mit einer Illustration von Cornelia Funke, Umschlagillustration Elisabeth Holzhausen. **S. 20** Maar, Paul (Text), Waechter,Philip/Limmroth Manfred B./Bittner Ralph (Illustration): Auf dem Heimweg (Titel hinzugefügt). Aus: Jakob und der große Junge (Auszug). Verlag Friedrich Oetinger, Hamburg 2001. Illustrationen und Cover-Illustration von Philip Wächter. **S. 33** Gampfer, Peggy/ Köster, Claudia / Schönfeld, Anke: Zugvögel. Aus: Das Ravensburger Grundschullexikon von A-Z. Ravensburger Buchverlag Otto Maier, Ravensburg 2011. **S. 44** Steinwart, Anne (Text), Tust, Dorothea (Illustration): Wo bleibt Jule? Aus: Mensch, Jule! (Auszug). Edition Bücherbär im Arena Verlag, Würzburg 1997. Rechte bei der Autorin **S. 45** Mai, Manfred: So winzig? (Titel hinzugefügt). Aus: Ein Bruder für Anna (Auszug). Ravensburger Buchverlag Otto Maier, Ravensburg 2011 **S. 49** Nöstlinger, Christine (Text und Illustration): Liebe Susi! Lieber Paul! (Auszug, leicht verändert). Deutscher Taschenbuch Verlag, München 1987. Rechte bei der Autorin. **S. 62** Smith Hill, Patty Happy Birthday to You! Copyright 1935 by Clayton F. Summy & Co. Chicago/Keith Prowse Music Publ.Co.Ltd./Warner Chappell L.A.USA. Für Deutschland: Musikverlag Intersong GmbH, Hamburg **S. 62** Frauenberger, Egon Louis Zum Geburtstag viel Glück! © Edition Effel Music Maria Magdalena Frauenberger, Haar **S. 72** Maar, Paul: In der alten Felsenhöhle. Aus: Kreuz und Rüben, Kraut und quer. Verlag Friedrich Oetinger, Hamburg 2004. **S. 73** Christoph Marzi: Gespensterfenster. (Auszug). Arena Verlag, Würzburg 2012. **S. 79** Zeuch, Christa: Geheimnisvolle Zauberformel. Aus: Die kleine Hexe Xixibis. Verlag Friedrich Oetinger, Hamburg 1996. **S. 88** Huainigg, Franz Joseph: Allein zum Supermarkt (Titel hinzugefügt). Aus: Meine Füße sind der Rollstuhl (Auszug). Annette Betz Verlag, Wien/München 2003. **S. 89** Steinwart, Anne: Aus: Von wegen, sagt Mia. DTV, München 1994. Rechte bei der Autorin **S. 104** Uebe, Ingrid: Das erste Eis (Titel hinzugefügt). Aus: Leselöwen – Frühlingsgeschichten. Loewe Verlag, Bindlach 1988. **S. 105** Grimm, Helga: Die Amsel. Aus: Kinder-Lexikon. Verlag Volk und Wissen, Berlin 2003. **S. 106** Lau, Heinz (Melodie und Text): Singt ein Vogel (3. Strophe leicht verändert). Möseler Verlag, Wolfenbüttel. **S. 120** Brand, Heinz: Seegedicht mit einer Lüge. Aus: Gelberg, Hans-Joachim (Hrsg.): Wo kommen die Worte her? Neue Gedichte für Kinder und Erwachsene. Beltz & Gelberg in der Verlagsgruppe Beltz, Weinheim/Basel 2011. **S. 121** Scholes, Katherine: Sams Wal (Auszug, gekürzt). Übersetzt von Ulli und Herbert Günther. Ravensburger Buchverlag Otto Maier, Ravensburg 1995. Illustration von Quint Buchholz. **S. 122/123** Funke, Cornelia (Text), Meyer, Kerstin (Illustration): Käpten Knitterbart und seine Bande (Auszug, leicht verändert). Verlag Friedrich Oetinger, Hamburg 2003. Mit Illustrationen von Kerstin Meyer. **S. 130** Guggenmos, Josef: Quallen. Aus: Es las ein Bär ein Buch im Bett (Auszug). Georg Bitter Verlag, Recklinghausen 1978. **S. 150** Boehme, Julia: Tafiti und die Reise ans Ende der Welt (Auszug). Loewe Verlag, Bindlach 2013 **S. 151** Chidolue, Dagmar: Millie auf Kreta (Auszug). Dressler Verlag, Hamburg 2002 **S. 152** Spode, Wolfgang (Melodie und Text): Ferien, Ferien. Fidula Verlag, Boppard/Rhein **S. 154** Dörrie, Doris: Lotte in New York. (Auszug, gekürzt). Ravensburger Buchverlag Otto Maier, Ravensburg 1999 **S. 156** Krause-Gebauer, Erika: Ich träume mir ein Land. Aus: Gelberg, Hans-Joachim (Hrsg.): Überall und neben dir. Gedichte für Kinder. Beltz & Gelberg in der Verlagsgruppe Beltz, Weinheim/Basel 1986, 1989. **S. 168/169** Urbanek, Joachim Hasenfärberei. (c) by Rüdiger Urbanek, Gelsenkirchen-Buer

Bildquellenverzeichnis

S. 7: Bild 1Cover: Cornelia Funke: Das verzauberte Klassenzimmer. Loewe Verlag GmbH, Bindlach 1997. Illustriert von der Autorin. Umschlagillustration von Elisabeth Holzhausen. Bild 2: Illustration von Cornelia Funke aus: Das verzauberte Klassenzimmer (s. o.). **S. 20:** Bild 1: Illustration von Philip Waechter. Aus: Siehe Bild 2 Cover: Paul Maar: Jakob und der große Junge. Verlag Friedrich Oetinger, Hamburg 2001. Illustriert von Philip Wächter. **S. 33:** Bild 1 Zugvögel: Shutterstock/Ana Gram. Bild 2 Cover: Das Ravensburger Grundschullexikon von A–Z. © dieser Ausgabe 2014 by Ravensburger Buchverlag Otto Maier GmbH, Ravensburg. **S. 36:** Igel: Fotolia/Sonja Haja. **S. 49:** Cover: Christine Nöstlinger: Liebe Susi, lieber Paul. S. Fischer Verlage, Frankfurt a. M. **S. 60:** Eisverkäufer: Ullstein/ullstein bild – Süddeutsche Zeitung Photo/Scherl. **S. 76:** Bild 1 Cover: Ute Krause: Oskar und der sehr hungrige Drache. Verlag Friedrich Oetinger, Hamburg 2007. Illustriert von der Autorin. Bild 2 Cover: Cornelia Funke: Kein Keks für Kobolde. S. Fischer Verlage, Frankfurt a. M. 2010. Illustriert von der Autorin. Bild 3 Cover: Brigitte Schär: Monsterbesuch! Mit Illustrationen von Jacky Gleich. Carl Hanser Verlag, München 1996. Bild 4 Cover: Lieve Baeten: Die neugierige kleine Hexe. Verlag Friedrich Oetinger, Hamburg 2002. Bild 5 Cover: Ingrid und Dieter Schubert: Irma hat so große Füße. S. Fischer Verlage, Frankfurt a. M. 2008. Bild 6 Cover: Christoph Marzi: Gespensterfenster. Arena Verlag, Würzburg 2012. **S. 107:** Bild A: Shutterstock/Artens. Bild B: Shutterstock/Fabio Alcini. Bild C: Shutterstock/Sigur. Bild D: ClipDealer/LianeM. **S. 110:** Bild 1: Fotolia/hfox. Bild 2: Shutterstock/Marcin Perkowski. Bild 3: Shutterstock/EBFoto. Bild 4: Shutterstock/Menno Schaefer. **S. 121:** Illustration von Quint Buchholz. Aus: Katherine Schoeles: Sams Wal. Ravensburger Buchverlag Otto Maier GmbH, Ravensburg 2013. **S. 122/123** Alle Abbildungen aus: Cornelia Funke: Käpten Knitterbart und seine Bande. Verlag Friedrich Oetinger, Hamburg 2002. Mit Illustrationen von Kerstin Meyer. **S. 126:** Bild 1 Teich: Shutterstock/Grafalex. Bild 2 Kinder: Fotolia/Pavel Losevsky. Bild 3 Hände: Shutterstock/silver-john. Bild 4 Mädchen: Fotolia/sjhuls. Bild 5 Delfine: F1 online. Bild 6 Bach: Fotolia/Gina Sanders. **S. 138:** Bild 1 Iglu: Fotolia/mario beauregard. Bild 2 Jurte: Shutterstock/Pascal RATEAU. Bild 1 Iglu: Fotolia/mario beauregard. **S. 141:** Der Haus-Baum. Aus Claude Ponti (Text und Illustration): Das schönste Tal der Welt. Aus dem Französischen von Erika Klewer. Moritz Verlag, Frankfurt am Main 1999. **S. 154:** Cover: Doris Dörrie: Lotte in New York. Ravensburger Buchverlag Otto Maier GmbH, Ravensburg 1999. Mit Illustrationen von Julia Kaergel. **S. 160:** Karawane: © Bridgeman Art Library.